하느님과의
수다

하느님과의
수다

사토 미쓰로
...
이윤경 옮김

인빅투스

어느 날 갑자기 일어난 일이었다.

수상한 목소리

"행복해지고 싶지?"

미쓰로

"어!! 어디선가
목소리가 들려!!"

때는 사건 발생 전으로 거슬러 올라가 약 1년 전.
주인공 미쓰로는 극히 평범한 월급쟁이 회사원이자
두 아이의 아빠다.
막둥이가 태어난 지 얼마 되지 않아
한밤중에 아기가 우는 소리에 잠을 설치는 바람에
회사에서 실수를 저지르기 일쑤였다.
보다 못한 상사가 '마음을 다스리라'며
권해 준 것이 명상이었다.

여태껏 뭔가를 오래 지속한 적이
단 한 번도 없는 그였지만
웬일인지 명상만큼은 하루도 거르지 않았다.

그리고 운명의 날이 밝았다.

명상을 하려고 평소처럼 이른 아침에 일어나
아내와 아이들이 깨지 않도록
조심스레 침실을 빠져나온 미쓰로.

거실로 나와
바닥에 책상다리를 하고 앉아 눈을 지그시 감았다.

행복해지고 싶지?

대체 이 목소리는 뭐야?? 머릿속에서 들리는데?!

어!! 응? 이게 뭐지? 드디어 내 머리가 이상해졌나?

행복해지고 싶지? 내가 도와줄까?

괜찮습니다. 돌아가 주십시 까딱 잘못하다 내가 병원에 실려간다고요

쿼이쿼이

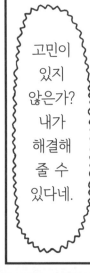

고민이 있지 않은가? 내가 해결해 줄 수 있다네.

고민 따위 없어요! 지금 당장은 당신 목소리가 들리는 게 고민이라고!! 그러니까 당신만 사라져 주면 깨끗하게 해결된다 이겁니다!!

다른 고민을 들어 볼까?

이렇게 해서 미쓰로의 일상에
수상하기 짝이 없는 하느님과의
일대일 수업이 시작되었다.

그것이 많은 이의 삶을 극적으로 바꿀
'주옥같은 가르침'이라는 사실을
이때의 주인공 미쓰로는
전혀 알 길이 없었는데….

차례

특별 수업 | 미소카모데

저자 후기

1교시

....

〈현실〉이란 무엇인가 ?

만약 모든 소원이 이루어졌다면?

하느님 그나저나 '행복하게 해 주마', '소원을 들어 주마'라며 들뜨게 해놓고 이런 말하긴 뭣하네만 자네 소원은 전부 이루어졌어. 고로 자넨 이미 행복하다네.

미쓰로 뭐라고요? 이게 무슨 뚱딴지 같은 소리예요? 난 전혀 행복하지 않습니다만?!

아직 이루어지지 않은 소원도 많다고요. 왕창 벌어서 호화 저택도 장만해야죠, 취미인 밴드로 홍백가합전에도 나가야 하고(물론 백팀의 주역으로)…. 이거 봐요, 아직 이루어지지 않은 소원이 많잖아요!!

하느님 미쓰로, 지금부터 나는 자네에게 많은 것을 가르쳐 줄 작정이야. 그중에서 소중한 가르침은 단 하나뿐이라네. 잘 기억해 두라고. **자네는 이미 행복한 사람**

이야. 왜냐하면 자네 소원은 하나도 빠짐없이 모두 자네 눈앞에서 이루어졌기 때문이지.

내가 창조한 이 세계는 모두 그 사람이 생각한 대로 이루어져 있어. **그 사람의 '현실'은 100% 그 사람 생각대로 만들어져 있거든.** 그러니 그 사람의 눈앞에서는 자신이 바라지 않는 일이 전혀 일어나지 않는다네.

미쓰로 아니 글쎄, 바라지도 않는 일이 눈앞에서 계속 일어나고 있는 사람이 여기 한 사람 있다니까요! 처음 뵙겠습니다. 저는 사토 미쓰로입니다. 회사 따위 가고 싶지 않지만 어쩔 수 없이 매일 다니고 있답니다.

하느님 가기 싫으면 안 가면 되겠구만.

미쓰로 회사에 안 가면 월급을 못 받잖아요.

하느님 월급을 안 받으면 그만이지.

미쓰로 월급이 없으면 밥 먹고 살 수가 없잖아요. 혹시 인간계 사정을 잘 모르시는 거 아니에요?

하느님 밥을 안 먹으면 그만이지.

미쓰로 밥을 안 먹으면 죽는다고요!

하느님 죽으면 그만이지.

미쓰로 제정신이에요? 아무리 그래도 그렇지 수업을 시작하자마자 '죽음'을 권하다니.

하느님 죽고 싶지 않다고? 그게 자네 소원이라는 거지? 이미 이루어지지 않았나. 자넨 지금 이렇게 살아 있으니. 살기 위해 밥을 먹고 싶다고? 그것도 이루어졌어. 먹고 살기 위해 월급을 받고 싶나? 이것도 이루어졌고. 월급을 받기 위해 취직하고 싶다고 기도한 적도 있지? 죄다 이루어졌군. 자네는 지금 그렇게도 바라던 회사원이니 말일세! 미쓰로 군, 축하하네. **자네 '현실'은 온통 자네가 바라는 대로라네!**

미쓰로 그, 그런가? 죽고 싶지 않다, 밥을 먹고 싶다, 월급을 받고 싶다, 회사에 가고 싶다…. 죄다 내가 바랐던 일이고 분명 그대로 되긴 했지.

'회사에 가고 싶어' 하면서 동시에 '회사 따위 가기 싫어' 하다니, 정녕 난 바보란 말인가?

하느님 그래, 이제야 깨달았구만!! 자네는 바보일세!

그렇잖은가. 모든 소원이 눈앞에서 100% 이루어졌는데 자네들 인간은 그 사실을 전혀 깨닫지 못하고 있으니까. 바보라고 할 수밖에. 게다가 **애당초 이 세상에서 불행한 사람은 한 사람도 없다네.**

다만 행복(=모든 바람이 이루어진 상태)을 깨닫지 못한 바보가 많을 뿐이지. 그래서 나는 그런 녀석들을 '행복한 바보'라 부른다네. 바보이기는 해도 어쨌거나 행복한 녀석들이니까 그냥 내버려 둘까 싶어. 자넨 그 녀석들 선봉이고.

미쓰로 누굴 '바보들의 대장'처럼 말하지 말아 줄래요?

하느님 그럴 만하잖은가. '회사에 가고 싶어' 하면서 동시에 '회사에 가기 싫어' 하고 있는데? 나보고 어쩌라고? 이쯤 되면 오히려 딱할 지경이야.

자, 한 번만 더 말할 테니 잘 듣게. 이 세상의 원리원칙은 딱 하나뿐이야.

그 사람의 현실에 당사자가 바라지 않는 일은 단 하나도 일어나지 않아. 이 세상은 모두 그 사람이 바라는 대로 된다네.

'모든 소원이 이루어졌다 = 행복함'에도 불구하고 그 사실을 깨닫지 못하는 사람이 '**난 불행하다**'고 믿고 **있을 뿐**이라네.

미쓰로 그럼 바보 대표로서 한 말씀 드리겠습니다. 인간에게는 바라지 않은 일이 생기기도 한다고요! 예를 들어 지난 주 우리 부서에 밉상 상사가 이동해 왔어요. 난 절대 '싫은 상사와 함께 일하고 싶다'고 바란 적이 없거든요. 하지만 그놈은 우리 부서에 들어왔어요. 이 거 봐요, 내 인생에 전혀 바라지도 않은 일이 생겼잖아요!!

하느님 그것도 다 자네가 바랐기 때문일세. 다만,

① 소원이 이루어질 무렵에 본인이 바랐다는 사실을 잊어버렸거나

② 소원이 복잡해서 이미 이루어졌다는 사실 자체를 알아채지 못했거나

③ 잘못된 방법으로 소원을 빌어 이상한 형태로 이루어진 게야.

이렇듯 여러 가지 이유가 맞물려 '인생은 모두 내 바람대로'라는 생각을 못 하는 것뿐일세. 그리고 **'인생에는 바라지 않는 일이 생긴다'고 착각했을 때 사람은 괴로워하지.** 허나 그건 단순한 착각일 뿐이라네. 미쓰로 군, 이제 안심하게. 그런 착각 속에 빠져 있는 자네들을 일깨우기 위해 내가 왔으니. 오래 기다렸지? 이제부터는 나만 믿게!

미쓰로 정의의 영웅이라도 되나요?! 착각 속에 있는 나를 어떻게 일깨워 줄 건데요?

하느님 내가 할 수 있는 일은 딱 하나…. '자넨 바보다!' 하고 계속 말하는 것뿐일세.

미쓰로 뭐라고요? 내 옆에서 끊임없이 '자넨 바보다!'라고 말하려고 여기까지 온 거예요? 기가 막혀서, 어서 돌아가 주시죠.

하느님　'내 자신이 바보였구나'하고 깨달으면 눈을 뜨게 되거든. 이를테면 아까 그 상사 얘기를 해볼까. 자네는 어째서 그 상사를 싫어하지?

미쓰로　엄청 사소한 일까지 지시하고 일일이 잔소리하는 놈이니까요. 난 신속하게 일을 처리하고 싶은데 그놈 때문에 진행을 할 수가 없어요. 점검하고 또 점검하고, 결국 점검만 하느라 하루가 다 간다니까요? 그런 성격 탓에 붙은 별명이 '체크맨'이죠!! 바보는 오히려 그 녀석이에요! 그런 놈과 함께 일하고 싶다고 생각한 적 한 번도 없다고요!

하느님　아니, 분명 생각했네. 아까 말한 ①~③까지의 이유들이 맞물려 **자신의 소원임을 알아채지 못한 것뿐**이지.

옛날 자네가 아주 어릴 적에 어머니가 자네에게 "두부 좀 사 올래?" 하고 부탁했지. 첫 심부름이라 자네는 흥분했어. '어린 나도 할 일이 있다'며 처음으로 자신의 존재를 의식했기 때문이지. 힘껏 달려가서 두부를 사 온 자네의 머리를 쓰다듬으며 어머니는 이렇게 말했어. "굉장히 빠르구나, 고마워."

미쓰로　어렴풋이 기억나긴 하네요. 정말 그리운걸. 그나저나 자세히도 아시네요.

하느님 내가 누구라고? 신이라니까. 뭐든지 다 안다고. 아무튼 어머니에게 "빠르구나." 칭찬받은 후로 자네는 '일은 신속하게 하고 싶다'고 생각하게 된 게야.

한편 자네가 달음박질해서 심부름을 다녀온 탓에 두부는 부서져서 엉망이 되었지. 그걸 본 자네 누나는 어머니에게 "얘는 심부름도 제대로 못하네."라고 말했고 어머니도 "그러게 말이다." 하고 대답했어. 그 대화를 우연히 듣고 만 자네는 [일은 신중하게 해야 하는구나] 절감했지. 알겠나? 자네는 늘 **상반된 두 가지 소원을 빌고 있어.**

일은 [신속하게] 그리고 [천천히 신중하게 완수하고 싶다]고 말일세.

만약 직장에 자네 혼자만 있다면 [천천히 신중하게]는 이루어질 수가 없지. 그래서 자네가 싫다는 그 상사는 [천천히 신중하게]라는 소원을 이루어 주려고 자네 현실 속에 등장한 셈이야. 자네 소망대로 말일세.

미쓰로 하지만 나는 체크맨이 딱 질색이라고요. 나 혼자서 [신속하게], [천천히 신중하게] 일하면 되잖아요?

하느님 그게 말이 되나!! 자네, 바보인가?! 대체 어떻게 하면 일을 [신속하게] 하면서 [천천히] 할 수 있단 말이야? 혼자서는 절대 할 수 없어!

다시 설명하지. [신속하게]라는 소원은 어머니가 겉으로 칭찬한 부분이기에 '내가 담당하고 싶다'고 바라게 되었어. 반면 [천천히 신중하게]라는 부분은 험담으로 들은 터라 표면상으로는 인정하기 싫은 소원이란 말일세.

그 증거로 자네, 우물쭈물하는 사람 싫어하지?

미쓰로 완전 싫어하죠.

하느님 하지만 [완벽하게 일을 처리하고 싶다]는 소망도 마음 깊은 곳에 품고 있다네. 엉망으로 부서진 두부 사건을 겪었기 때문이지.

그러니까 자네 소원을 모두 이루어 주려면

[내가 신속하게 일을 처리하고]

↓

[내가 아닌 다른 사람이 그 일을 신중하게 점검한다]

↓

[그리고 미련한 그 체크맨에게 계속 불평한다]

↓

[하지만 결국 일은 완벽하게 처리된다]

자, 모든 '현실'이 온전히 자네 소원대로 이루어졌지 않은가. 눈앞에서 말일세.

미쓰로 장난 아닌데! [미련한 놈에게 불평하고 싶다]는 소원까지 모두 내가 바라던 대로잖아!! 내가 싫어하는 녀석이 아니면 이렇게 될 수가 없지!!

[불평함]으로써 내 험담에 대해 복수하면서 [천천히 신중하게]라는 소원도 이루어진다. 게다가 나 혼자 눈에 띄는 [신속하게] 부분을 독차지할 수 있어.

그리고 마지막에는 [일이 완벽하게 처리된다]….

무서울 정도로 모든 소원이 이루어졌잖아!! 방금 소름 돋았다고요. **'현실'에서 소원이 너무 완벽하게 이루어져서** 말이에요. 내 소원을 모두 이루려면 '완전 밉상인 체크맨'이 꼭 등장해야 되는군요!!

하느님 아까 말하지 않았나. **현실에서 일어나는 것은 모두**

26

체크맨 등장!!

자네 바람대로라고.

다만 자네 머리가 나쁜 탓에 바란 것 자체를 잊어버렸더군(①).

게다가 머리가 나쁘니 모든 소원이 이루어지면 어떻게 되는지 너무 복잡해서 계산하지도 못했지(②).

미쓰로 아무리 그래도 사람한테 '머리가 나쁘다'니 말이 심하잖아요.

하느님 '머리가 나쁘다' 말고 적당한 표현 있나?

모든 소원을 언제나 눈앞에서 다 이뤄 주고 있는데 자네들 인간은 그것에 대해 투덜투덜 불만을 쏟아내지. 이 모든 건 자네가 바란 걸세!! 다른 사람도 아닌 '자네'가!!

미쓰로 ….

하느님 '파란색이 갖고 싶어', '빨간색이 갖고 싶어', '노란 색이 갖고 싶어,' '초록색이 갖고 싶어.' 이렇게 당신 들 인간이 빌었어. 나는 모든 조건을 동시에 충족하는 '군청색'을 건네주었지. 그러자 인간은 '이런 색깔 바란 적 없다'며 눈앞의 현실에 대해 불만을 쏟아내기 시작했어. 나는 모든 소원을 완벽하게 들어주었는데도 말이야.

'머리가 나쁘다'는 말 말고 적당한 표현 있나?

미쓰로 '머리가 조금 모자란 모양이군.' 이렇게 부드럽게 표현할 수 있잖아요?

하느님 쯧, 귀찮게!! 바보 아닌가?! 진짜로 머리가 나쁘군!

미쓰로 그럼 머리 좋은 당신이 인간이 소원을 빌 때 주의를 주면 어떨까요? "파랑과 빨강, 노랑, 초록을 동시에 원하면 군청색이 되어 버리는데 괜찮은가?" 이렇게 요. 이대로 가다가는 "밉상 상사가 당신 앞에 등장할지도 모릅니다." 위험, 위험! 이런 식으로 가르쳐 주면 되잖아요.

하느님 그 말인즉슨 자네가 소원을 빌 때 **"A라는 소원은 그만두는 게 좋겠네. B라는 소원만 빌도록 하게."** 나보고 소원을 선별하라는 얘기인데? 그러면 자네가 만

족하겠나?

미쓰로 으, 으음. 하긴 그럼 너무 재미없겠네요.

아, 그럼 이건요? 우리는 지금까지처럼 멋대로 소원을 실컷 빌 테니 나머진 그쪽에서 조정하면 어때요. '소원'을 솎아낸다는 느낌? 인간이 각양각색의 소원을 빌면 그쪽에서 '빨강'과 '파랑', '초록'을 살짝 빼고 '노랑'만 들어주면 되겠네요!

그러면 '군청색'이 되지는 않으니까 아무도 불평하지 않을 거예요! 우리 인간은 머리가 모자라니까 '노랑'만 있어도 엄청 만족할 겁니다!

하느님 자네 소원을 마음대로 바꾸라는 말인가? 그럼 '복권 당첨'을 빌었을 때 **복권대신 운석을 "명중시키면**(일본어에서 명중시키다와 당첨되다는 같은 동사)**"되겠군.** 좋아, 그렇게 하지.

미쓰로 안 되죠! 그건 굉장히 곤란하다고요. 하느님인 당신이 '운석을 명중시킨다'고 말하면 무시무시한 지옥이 상상된다고요. 제발 그만하세요.

여러 측면에서 심사숙고했습니다만…, 제 소원을 하느님 마음대로 바꾸지 않았으면 합니다.

하느님 당연하지. 앞으로도 자네들 소원은 모두 눈앞에서 이루어질 게야. 그러니 자네들이 바라지 않은 일은 단 하나도 일어나지 않을 걸세.

이 원칙에 예외는 없다네. 만약에 '현실'이 불만스럽다면 그저 소원을 빈 자네들이 '자신의 소원'이라는 점을 깨닫지 못했기 때문이야. 이 점을 잘 기억해 두게.

미쓰로 어제까지는 '소원을 들어주는 하느님 잘못'이라고 생각했어요. 설마 '소원을 빈 우리들이 더 바보'였을 줄이야. 자신이 바란 대로 모두 이루어진 '현실'을 보며 '이런 일 바란 적 없어!' 하고 말한 셈이네요.

이 원칙에 예외는 없다는 거죠?

하느님 그래, 예외는 하나도 없어.

미쓰로 그럼 갑자기 병에 걸린 사람은요? 아무리 그래도 [병에 걸리고 싶어!] 하진 않았을 텐데요?

하느님 아등바등 일하다가 [좀 쉬고 싶다]고 빌었겠지. 그리고 [잔꾀를 써서 쉬고 싶지는 않다]고도 말이야. 그밖에도 소원이 많아서 모두 들어주다 보니 정당한 이유로 쉴 수 있다 = [병]의 형태가 되었겠지.

미쓰로 대단해! 당신 정말 설명 잘하네요!! 병으로 강제 휴양의 기회가 생긴 셈이군요.

하느님 뭐, '병'에 걸린 이유도 각자 사정에 따라 다르지. 원칙은 단 하나, 이 세상은 당신이 바라는 대로 이루어져. 모든 일은 당신이 바랐기 때문에 일어난 거라네.

미쓰로 그래도 '자신이 바랐다'는 사실을 깨닫지 못하는 존재가 우리들 인간이죠.

① '바랐던 사실 자체를 잊어버렸다'거나

② '소원이 복잡해서 이루어졌어도 알아채지 못한다'거나

③ '잘못된 방법으로 빌었기' 때문인 거죠. ③에 대한 설명은요?

하느님 시간은 많아. 이제부터 차근차근 가르쳐 주겠네. 두

번 다시 잘못된 방법으로 빌지 않도록 말이야. 내 얘기만 잘 들으면 인간은 소원을 제대로 빌게 될 걸세. 그럼 소원도 제대로 이루어지게 될 테지. 마지막 '현실'을 보고 나면 절로 이런 말이 나올 걸세.

"아, 그렇구나. 눈앞의 현실은 모두 내가 바란 대로였어. 난 이미 행복한 사람이었구나."

미쓰로 대, 대장님! 기꺼이 따르겠습니다!

이 세상은 모두
당신이 바라는 대로.

같은 장미도 해석에 따라 달리 보인다?!

> 다음 날 오후, 미쓰로는 다니야 부장의 주택 신축기념 집들이 파티에 초대받았다. 마당에서 동료들과 바비큐 파티를 하며 그는 상사에게 말했다.

미쓰로   그나저나 부장님, 어마어마한데요. 이쯤 되면 호화 저택 아닙니까! 직장인 주제에 이런 집을 짓다니 큰 결심하셨어요. 그런데 말입니다만, 내일 당장 회사가 도산할 수도 있고 갑자기 봉급이 깎일 수도 있고 이혼해서 부담할 위자료가 생길 수도 있잖아요. 그런 위험부담을 무릅쓰고 이런 으리으리한 집을 짓겠다고 결심하다니, 참 대단하십니다!!

다니야 부장   음…. 축하하러 온 거 맞지? 부하 직원 중 가장 일 못하는 사토 군.

미쓰로 당연하죠! 불경기에 처한 현대 일본에서 35년 만기 대출을 받으면서까지 집을 마련한 상사님인데 응당 축하드려야죠!! 대단한 용기예요. 용기가 지나쳐서 멍청해 보여서 그렇지. 부장님, 축하합니다!

> 평소처럼 상사와 짓궂은 설전을 벌이던 그의 뇌리를 뭔가 번뜩이며 스쳐지나갔다. 하지만 술기운을 이기지 못하고 그대로 잠들어 버렸다.

하느님 거참, 대단한 녀석일세. 아무리 생각해도 상사와 부하의 대화 같지가 않아. 싫은 상사라서인지 뭐 하나 거리낌이 없구만.

미쓰로 싫은 상사는 다른 사람이에요. 이 사람은 내 말을 늘 농담으로 받아주니까 괜찮아요. 참, **'모든 건 눈앞에서 이루어지고 있다'**고 어제 당신이 말한 거 있잖아요. 부장의 집을 보며 깨달았는데 이루어지지 않은 소원이 아직 있더라고요!
　　　　'나도 호화 저택을 짓고 싶다'고 빌고 있는데 눈앞의 '현실'은 그렇지 않거든요.

하느님 이미 이루어졌네. 자네가 깨닫지 못했을 뿐이야.

미쓰로 그럴 리가요! 눈앞에 자신의 호화 저택이 떡하니 서 있는데도 모르는 사람이 어디 있어요!! 아무리 인간이지만 그 정도 바보는 아니라고요!

하느님 아무렴, 훨씬 더 바보지. 잘 듣게, 소원에는 다양한 종류가 있어. 그중 하나가 **'믿고 싶다'는 소원**이네.

미쓰로 '믿고 싶다'는 소원? 그게 뭔 말이에요?

하느님 우선 '믿음'이란 어떤 상태인지 자네들 인간은 잘 몰라. **'믿음'이란 '이렇게 되었으면 좋겠다'고 바라는 상태**라네.

    예를 들어 자네가 '정의는 승리한다'고 믿는다면 '정의가 승리했으면 좋겠다'고 바란다는 의미겠지?

미쓰로 뭐, 그렇겠네요. '악마가 승리했으면 좋겠다'고 바라는 사람은 없을 테니까요.

하느님 다시 말해 **'그 사람이 〈믿고 있는〉 것'이란 '그 사람이 〈그렇게 되었으면 좋겠다〉고 바라는 것'**이라는 얘기가 되지.

미쓰로 듣고 보니 그러네요. '이렇게 되었으면 좋겠다!'는 소원이 '믿음'이니까요.

하느님 자네는 입으로는 '호화 저택을 짓고 싶다'고 말하면서도 마음속으로는 '월급쟁이는 호화 저택 따위 지을 수 없어'라고 믿고 있어.

미쓰로 당연하죠! 그런 멍청한 일을 벌일 수 있는 사람은 이

넓은 일본에서 다니야 부장 정도일걸요!!

하느님   자네가 믿는 '월급쟁이는 호화 저택 따위 지을 수 없어'를 소원의 형태로 변형하면 어떻게 될까?

'월급쟁이는 호화 저택을 짓지 않았으면 좋겠다!' 가 돼. '제발 미쓰로, 호화 저택만큼은 짓지 말아 줘!' 이렇게 자네가 빌고 있는 셈이지. 그러니까 바라는 대로 '아파트 생활(=현실)'이 자네 눈앞에서 이루어진 게야.

믿는 것	① 정의는 승리한다. ② 월급쟁이는 호화 저택을 지을 수 없다. ③ 행복은 쉽게 오지 않는다. ④ 노력해야 돈을 벌 수 있다.

이렇게 되었으면 좋겠다는 바람

소원의 형태	① 정의가 승리했으면 좋겠다. ② 월급쟁이는 호화 저택 따위 짓지 마라. ③ 나에게 쉽게 행복을 주지 마라! ④ 나에게는 쉽사리 돈을 주지 마라!

미쓰로　하지만 '월급쟁이가 호화 저택을 지을 수 있다'니 그 걸 어떻게 믿어요? 이런 불황에!

하느님　거참, 믿지 않아도 된다니까. 무엇을 믿건 모두 그 사 람의 자유일세. 신도 못 말리지. 물론 무엇을 믿든 소원은 다 들어준다네. 결국 **믿음은 모두 현실이 되 지.**

미쓰로　잠깐만요. 믿음이 현실이 된다고요? 그럼 '지금 당장 하늘에서 1,000억 원이 떨어진다'고 믿으면 그게 현 실이 된다 이거예요?

하느님　물론.

미쓰로　그럼 해볼게요. 떨어져라, 얍!! …. 거봐요. 안 떨어지 잖아요.

하느님　믿지 않았기 때문일세.

미쓰로　믿었다니까요!! 방금 1,000억이 하늘에서 떨어질 거 라고 열심히 믿었다고요!

　　　　하지만 떨어지지 않았잖아요. 거짓말쟁이 같으니.

하느님　당신이 믿은 것 이외에는 당신의 현실에서 일어나지 않아. 아니, 일어날 수가 없지. 만약 믿지 않은 일이 그 사람의 현실에서 벌어진다면, 그 사람이 바라지 않은 일이 이루어진 셈이 돼. 그런 일은 있을 수 없 어. **유일한 원칙에 위배되니까.** 이 세상은 모두 그 사람이 바라는 대로 이루어진다네! 지금도 그렇고 앞으로도 영원히.

그러니까 현실세계에 1,000억 원이 나타나지 않았다면 자네가 '1,000억 원은 나타나지 않는다'고 믿었기 때문일세.

미쓰로 믿었다니까요! 아주 절실하게, 나와라! 하고 말이에요.

하느님 **아니야, 입으로는 뭐라 말하든 마음속으로는 다른 것을 믿고 있어.** 자네는 이제껏 살면서 'OO였으면' 'XX였으면' 하고 다양한 것을 믿어 왔지.

예를 들어 과학 선생님이 가르친 대로 '물질은 공중에서 나타나지 않는다'고 믿고 있고, 어른들이 말한 대로 '쉽게 부자가 될 수는 없다'고 믿고 있지. 게다가 '수상한 사람 말은 믿으면 안 된다'고도 믿고 있어. 이 밖에도 수없이 많은 '믿음'을 품고 살고 있다네.

그 모든 신념이 방금 '1,000억 원이 공중에서 나타난다'는 것을 허용하지 않았어. 자네가 바란 대로 말이야.

미쓰로 아니, 믿고 안 믿고를 떠나서 '공중에서 물질이 출현하지 않는다'는 건 누구나 아는 상식 아니에요?

하느님   **상식? '상식' 따위 이 우주에 하나도 없어.** 자네가 멋
       대로 그것을 '상식'이라 굳게 믿고 있을 뿐이라네.
       일본의 '상식'은 해외에서는 비상식이야. 자네의 '상
       식'은 다른 사람의 비상식이지. '상식'이란 그 사람
       이 멋대로 믿어버린 원칙이니까.
       사람들은 저마다 뭔가를 굳게 믿고서 **각자의 '상
       식' 속에 갇혀서 산다네.**

미쓰로   멋대로 믿었다고요? 그럼 반대로 '물질이란 공중에
       서 나타나는 것이다'라고 멋대로 믿는 것도 자유라
       는 뜻이에요?

하느님   물론. 이 우주에선 무엇을 믿건 자유라네. '이 소원
       만큼은 참아 주세요.'라고 말하면 그건 사기지.
       소원은 모두 이루어진다네. 누군가가 '물질은 공중에
       서 나타난다'고 믿는다면 실제로 이루어져.

미쓰로   말도 안 돼! 여태껏 공중에서 물건을 척척 꺼내는 사
       람 따위 본 적도 없다고요.

하느님   그야 그렇겠지. 자네한텐 보이지 않아, 믿지 않으니
       까. 믿음이 현실이 된다고 몇 번이나 말하지 않았나.
       듣기는 한 게야?

미쓰로   아니, 본 적 없는 건 둘째치고 뉴스나 소문으로도 들
       은 적이 없는데요?

하느님   당연하지!! 바보 아닌가? 소문이든 뭐든 들렸다면 이
　　　　미 자네 '현실'이지 않나!!

　　　　'현실'이란 '자네에게 보이는 것, 들리는 것, 만질 수
　　　　있는 것, 냄새 맡을 수 있는 것, 맛볼 수 있는 것'의
　　　　총칭이지? 그러니 자네가 믿지 않는다면 보고 듣고
　　　　만질 수도 없는 걸세.

　　　　**수리수리 공중 마술사는 자네 '현실'에는 나타나지
　　　　않아. 자네가 믿지 않으니까.**

미쓰로   그럼 그 공중 마술사, 믿는 사람의 눈에는 보인다는
　　　　거예요?

하느님   마술사가 보이는 그 누군가조차 자네 눈에는 보이지
　　　　않으니 무의미한 질문이야. 갑자기 등장한 상사, 교
　　　　차로에서 눈에 띈 자동차, 거리에서 우연히 들은 음
　　　　악 등등, 자네 현실은 하나부터 열까지 모두 자네가
　　　　바란 대로라네. 행복한 녀석 같으니!

미쓰로   행복하지 않다고 몇 번을 말해요!!

하느님   '**나는 행복하지 않아**' 라고 스스로 믿고 있다는 거지?
　　　　그 말인즉슨 '**나는 불행해지고 싶다!**' '**우주야, 절대
　　　　로 나만은 행복하게 해주지 마!!**' 이렇게 바라는 셈인
　　　　데?

　　　　이러니 행복이 자네 '현실'에 나타날 리가 없지 않은

가!!

미쓰로 욱…. 너무 완벽해서 트집도 못 잡겠네. '교차로에서 어쩌다 본 자동차' 조차 내가 믿어서 나타난 거였군요.

하느님 우연 따윈 하나도 없어! 자네 눈에 비치는 것은 모두 자네가 '그런 모습을 보고 싶다'고 바랐기에 '보이는' 걸세. 자네 귀에 들리는 것도 마찬가지고. 이런 식으로 **인간은 믿음을 통해 눈앞의 현실 전체를 창조하고 있다!** 이 말일세.

미쓰로 믿음을 통해 '현실'을 만든다…. 왠지 마법사 같네요.

하느님 자네뿐만이 아니야. 모든 인간은 마법사라네. 모든 '현실'은 믿는 대로 제각각 다르게 보이게 돼 있거든.

미쓰로 하지만 A라는 사람이 믿는 원칙과 B라는 사람이 믿는 원칙이 다르다니, 이상하지 않아요? 최소한 물리 법칙만큼은 만인에게 공통된 법칙 아닌가요?
그렇지 않으면 A가 중력을 믿지 않을 경우 A만 공중에 뜨게 되잖아요.

하느님 하나도 이상하지 않아. 공중에 뜬 A를 중력을 믿는 B는 볼 수가 없거든.

미쓰로 아, 그렇군요.

하느님　허나 모든 인간에게 공통된 원칙도 있다네.

미쓰로　네? 그건 사기잖아요! 공통된 원칙이 왜 있어요? 그러면 믿지 않는 것을 보는 사람도 있다는 얘기잖아요!

하느님　공통된 원칙은 바로 **'믿음이 현실이 된다'**라네.

그러니까 각자의 세계에서 믿지 않은 것은 현실이 되지 않아. 자네들 세계의 과학자들은 이 부분에 대해 이미 규명하기 시작했다네.

양자역학이라는 분야에서 이른바 '해석문제'와 '관측효과'가 여기에 해당되지. 관심 있으면 나중에 따로 공부해 보게.

미쓰로　공부 반대! 학력사회 반대! 바보에게도 꿈을!

하느님　그럼 공부하지 말든가. 그나저나 아무것도 모르는 미쓰로 군, 장미가 뭔지는 아나?

미쓰로　다 큰 성인 중에 '장미'를 모르는 사람이 있대요? 붉고 아름다운 그 꽃 말이죠?

하느님　자네, 지금 '장미는 아름답다'고 했나?

허나 같은 장미를 보고 '날카롭다'고 말하는 사람도 있다네. 만약에 '사실'이라는 이름의 장미가 존재한다면 누구든지 똑같이 대답할 테지.

하지만 장미를 보는 사람의 수만큼 다양한 대답이

나온다네. 제각기 보고 싶은 대로 현실을 보고 있다는 증거일세.

믿고 싶은 대로 믿고 해석하고 싶은 대로 해석해 놓고는 인간은 그것을 '현실'이라 부르지. '사실'이라는 장미가 없는 것처럼 **오직 하나뿐인 사실 따위 어디에도 없다네. 실재하는 것은 보는 사람 저마다의 다양한 '해석' 뿐이야.**

미쓰로 　하긴, 그러네요. 장미는 보는 사람에 따라 제각기 달리 보일 테니까. 해석의 수만큼 '현실'이 있겠군요.

하느님 　참고로 뇌과학자가 규명하고 있는 부분이기도 하다네. '현실' 따위는 존재하지 않는다고 말일세.

'현실'이란 그 사람의 시각, 청각, 촉각, 미각, 통각을 통해 받은 전기신호를 바탕으로 뇌에서 만드는 가공의 산물이어서 사람의 수만큼 다른 '현실'이 존재한다는 사실을 그들은 이미 알고 있지.

미쓰로 　엄청난 세상에 살고 있군요! 뇌과학자와 물리학자도 '현실 따위 존재하지 않는다. 오직 해석만이 존재한다' 이렇게 얘기한다고요?

하느님 　뇌과학자나 물리학자뿐만이 아니야. 최첨단 연구자라면 모두 익히 알고 있는 내용이지. 공부해 보는 게 좋을걸.

미쓰로 공부 반대!!

하느님 조금은 해야지!! 영원히 바보로 살 텐가!! 뭐, 그 과
학자들도 자네가 바랐기 때문에 '현실' 속에 나타나
기는 했네만.

'과학적으로 규명되었으면 좋겠다'고 자네가 기대했
겠지. 안심하게나, 자네 바람대로 전 세계 과학자들
이 곧 답을 내놓을 걸세.

**'현실이란 그 사람이 믿은 대로 보이는 환상일 뿐이
다'라는 답을 말이야.**

미쓰로 엄청난 세상이네요. 역시 21세기!!

하느님 미쓰로, 뭘 믿어도 되는 자유로운 우주에서 자넨 무
엇을 믿겠나? 물론 무엇이든 믿어도 괜찮지만, 믿음
이 자네의 '현실'이 된다는 사실을 배웠으니 이제 슬
슬 '나는 행복한 사람'이라고 믿겠지?

미쓰로 …하지만 사실 난 그리 행복하지 않다고요!

하느님 아직도 그 소리냐? '사실'은 무슨, 그 사람이 믿는
대로 '나타난' 것일 뿐, 유일한 현실 따윈 없다고 했
을 텐데? 해석만 존재한단 말이다!

행복하다고 믿게! 그것이 곧 자네의 '현실'이 될 걸세.
불행하다 믿는 사람이 '불행'을 보고, 행복하다 믿는
사람이 '행복'을 보는 법. 원칙은 정말 그것뿐이라네.

이 세상은 그 사람이 해석한 세계니까!!

한 번만 더 물어 보겠네. 거기 있는 젊은이, 자네는 행복한가?

미쓰로   해, 행복합니다. …. 아니, 역시 무리예요. 억지로 말했다는 느낌이에요. 마음 한구석에서 '나는 행복하지 않다'고 믿고 있단 말이에요!!

가만, 마음속 깊이 박혀 버린 믿음은 어떻게 바꿀 수 있죠? 이게 변하지 않으면 현실도 안 바뀌잖아요.

하느님   그 방법에 대해 앞으로 설명할 거네. 오늘은 '**내가 믿는 모든 것은 현실이 된다**' 이것만 기억하게나.

> 그때 미쓰로를 흔들어 깨우는 소리가 멀리서 들려왔다.

다니야 부장   이봐, 미쓰로! 미쓰로! 좀 일어나 봐!

미쓰로   어라? 다들 어디 갔어요? 나랑 부장님만 남은 거예요?

다니야 부장   다들 돌아갔어. 깔끔하게 뒷정리까지 해주고! 너는 잠만 자더군.

미쓰로   저, 그건 그렇고 부장님. 어째서 집을 지은 거예요? 아까 내가 그렇게 말한 건 다 부장님을 걱정해서라고요. 대출금을 못 갚으면 어쩌시려고 그래요? 사모님과 아이도 있는데.

다니야 부장 자네가 내 걱정을 한다는 건 알아. 자네는 늘 말로는 빈정대면서 누구보다 날 걱정해 주는 착한 녀석이니까.

미쓰로, 사실 집을 짓기로 마음먹고 많이 불안하기는 했어. 그래도 난 말이야, **믿고 싶었어.** '**월급쟁이도 집 정도는 지을 수 있다**'는 것을. 뭐, 덕분에 매일 절약하느라 힘들지만….

미쓰로 내가 부장님 부하직원이라서 다행이에요. 부장님, 고마워요. 나도 뭔가를 **믿고 싶어졌어요.** 나한테도 꿈이 있거든요. 좋았어! 오늘은 이미 늦었으니까 아침까지 진탕 마셔 주겠어! 자고 가도 돼요? 전철도 끊겼는데.

다니야 부장 그건 안 되겠는데. 집으로 가게나.

미쓰로 쳇! 슬쩍 넘어갈 줄 알았는데. '택시'라도 타고 돌아갈 수밖에요….

다니야 부장 내 차로 바래다 줄게. 미쓰로, 오늘 와 줘서 고맙네.

당신이 믿으면
그게 무엇이든 모두
현실이 된다.

당신을 가난으로 이끄는 전자동 편리기능?!

> 다음 날 아침, 평소처럼 이른 아침에 일어난 미쓰로는
> 침실에서 자는 유치원생 장남 고쿠토를 억지로 깨웠다.

미쓰로 고쿠토, 아빠가 들고 있는 막대기는 마술 지팡이
란다. 이 지팡이로 '수리수리 마수리' 주문을 걸면
1,000억 원이 나온대. 아까도 성공했어. 고쿠토도 해
보렴.

고쿠토 '이얍!' 아빠, 이렇게요? 어? 아무것도 안 나오네….
이제 다시 자도 돼요?

> 고쿠토가 침실로 돌아가자 그는 평소처럼 거실에서 좌
> 선을 했다.

하느님   아직 아무것도 믿지 않는 아들을 이용해서 1,000억 원을 얻으려고 했겠다?

미쓰로   네. 고쿠토는 '부자가 되기는 어렵다'거나 '공중에서 물질은 나타나지 않는다'는 믿음이 없으니까요. 그런데도 1,000억 원은 나오지 않았어요. 거짓말 맞죠?

하느님   저 아이에게 지팡이를 줘 봤자 **그 광경을 보고 있는 사람은 결국 '물질은 공중에서 나타나지 않는다'고 믿는 자네** 아닌가. 어떻게 믿지도 않는 일을 자네 현실이 되게 할 수 있겠나? 어림없는 일이라고 했을 텐데. 어처구니가 없어서 말도 안 나오는군.

미쓰로   줄줄 말만 잘하네요, 뭐!!

하느님   '물질은 공중에서 나오지 않는다'는 믿음은 '물질아, 절대로 공중에서 나오지 마!' 이렇게 비는 것과 마찬가지라니까?

우주는 언제나 그 사람의 소원을 다 들어준다네. 현실을 만드는 주인님이 '나오지 마!' 하는데 나올 턱이 없지. 아들을 이용해봤자 자네 '현실'에 1,000억 원은 나타나지 않아.

미쓰로   그럼 부모가 아이에게 복권을 사게 하는 행동도 쓸데없는 노력이겠네요.

하느님   '복권에는 당첨될 리가 없다'고 믿는 부모라면 결국 무의미하다네. 그 부모의 현실에 당사자가 믿지 않는 일은 벌어지지 않으니까.

다만 '아이가 사면 나보다 당첨이 잘 될지도 모른다'고 믿는 경우라면 당첨확률은 조금 올라갈 게야.

미쓰로 응? 그건 뭐죠? 웬 꼼수?

하느님 꼼수는 무슨, 아무 일도 아니지. '믿음이 현실이 된다' 는 원리는 이것뿐이라네.

예컨대 멍청한 아버지가 깨우는 바람에 아침 댓바람부터 일어난 자네의 사랑스러운 아들은 작년 성탄절 선물로 무선조정 자동차를 받았지? 이유가 뭐라고 생각하나?

미쓰로 믿어서겠죠?

하느님 맞네. 허면 자네 아들이 무엇을 믿었다고 생각하나?

미쓰로 산타클로스겠죠?

하느님 틀렸어. **'받을 수 있다'고 믿었기에 받을 수 있었던 거**지. 그뿐이라네. 표면상의 이유가 뭐든 상관없다, 이걸세. 자네 아들은 산타클로스가 온 줄 알 테지만 사실은 멍청한 아버지가 한밤중에 몰래 놓고 간 선물이잖은가? 그러니까 **'받을 수 있다'고 믿기만 하면 표면적인 이유와 상관없이 받을 수 있다**는 얘기지.

복권도 똑같아, '당첨된다'고 믿으면 당첨된다네. 자

네들은 '저 매장이 명당이라는 둥, 아이가 샀다는 둥' 어떻게든 **믿으려고 표면적인 구실**을 대지만 사실은 아무 상관도 없지. 당첨된다고 믿기만 하면 당첨된다네.

미쓰로 그렇군요. 표면적인 이유는 전부 '믿기 위한 구실'일 뿐이었군요. 하긴 내가 몰래 놓고 간 선물인데도 우리 아들은 '산타가 준 선물'이라고 생각하더라고요. '받을 수 있다고 믿었기에 받을 수 있었던 것'뿐이었군요.

하느님 예를 들어 3만 원어치 복권을 구입한 사람과 30만 원어치를 구입한 사람이 있다고 치세. 어느 쪽이 당첨될 것 같나?

미쓰로 당연히 30만 원어치 복권이죠. 확률이 10배나 올라가잖아요.

하느님 아니, 틀렸네. 사실은 둘 다 똑같아. 하지만 자네가 멋대로 **'확률'이라는 표면상의 구실**을 붙여서 '그 쪽이 당첨이 잘 된다고 믿었을 뿐**이지.
그럼 다음 질문, 3억 원어치 복권을 구입한 사람과 3천 원짜리 복권 한 장을 구입한 사람 중 어느 쪽이 당첨될까?

미쓰로 에이, 3억 원어치 복권을 사는 사람이 어디 있어요?

뭐, 만에 하나 있다 치면 확실히 그쪽이 당첨되겠죠.

하느님 사실 이번에도 둘 다 똑같다네.

미쓰로 그럴 리가! 당신 바보 아니에요?! 3억 원어치 복권을 사서 1등에서 떨어지다니, 그런 놈은 극단적으로 운이 없는 거죠. 분명 당첨될 게 뻔하다고요.

하느님 아니, 어느 쪽이든 본래는 똑같다네. 실제로 딱 한 장만 샀다가 30억 원에 당첨된 녀석도 있고 수천만 원어치를 샀는데 한 번도 당첨되지 않은 사람도 있어. '확률' 따위 아무 관계도 없단 말일세. 믿기 위한 표면상의 구실에 지나지 않거든.

그러니 '많이 사야 당첨된다'고 믿건 '한 장만 사야 당첨된다'고 믿건 자유라네.

그런데도 자네는 멋대로 **'많이 사야 당첨된다'며 확률이라는 숫자를 믿으며 살고 있어.**

미쓰로 하긴, 한 장만 샀는데 1등에 당첨된 사람도 있으니까요. 젠장!! 왜 난 '확률' 따위를 믿어 버렸을까?

앗! 어제부터 당신이 한 얘기를 정리하자면 혹시 이게 다 초등학교 과학 선생 탓 아니에요? '공중에서 물질은 나타나지 않는다'거나 '확률이라는 숫자'도 전부 그 녀석이 가르쳐 줬다고요! 다음에 만나면 한마디 해야겠군!

당첨이
잘 되는
명당
이니까!!

요즘 운이
좋으니까!!

많이
샀으니까!!

이것은 모두 표면적인 구실!!

하느님   그건 선생 탓이 아니야. 모두 자네가 바란 대로라니
까. 무엇보다 자네가 '이런 선생님이 있었으면 좋겠
다'고 생각했기 때문에 초등학생 때 그 선생이 자네
현실에 등장한 걸세. 왜 **'내가 바라지 않은 일도 내
인생에서 일어날 수 있다'며 다시 원점으로 돌아가
지?** 전혀 발전이 없구만!

자네 인생은 모두 자네가 바라는 대로라고 계속 말
했잖은가.

미쓰로   바라는 대로요? 말도 안 돼! 초등학생 때 '제자를
가난으로 이끄는 선생님을 만나고 싶다'고 바란 적

도 없고 '확률을 믿고 앞으로의 인생에서 고생하고 싶다'고 바란 적도 없네요!

하느님 그렇게까지 말한다면 '자신이 믿은 것'이라는 생각이 들지 않는 이유가 무엇인지 가르쳐 주지. 바로 **인간에게는 두 가지 의식이 있기 때문**일세.

심리학에서는 '잠재의식'과 '현재의식'이라고 하지. 나는 이것을 '표층의식'과 '심층의식'이라고 부른다네. 자네는 입으로는 '복권에 당첨되고 싶다'고 바라고 있어, 이건 표층의식이네. 하지만 **심층의식에서는 '당첨되지 않아'라고 굳게 믿고 있단 말일세.**

미쓰로 그렇다면 심층의식 따위 진짜 방해거리잖아요. 대체 왜 존재하는 거예요?

하느님 자네 지금 '바닥은 단단하다'는 생각을 하고 있나?

미쓰로 아뇨, 전혀요. 지금 내 머릿속에는 과학 선생님과 어떻게 만날까 하는 생각뿐이에요.

하느님 '바닥은 단단한 물체다'라고 자네가 믿지 않는다면 자네 현실 속에서 바닥은 단단한 물체로 나타나지 않아. 하지만 자네가 '바닥은 단단한 물체다'라고 생각하지 않은 지금도 바닥은 단단하게 자네를 받치고 있어. 왜 그럴까? 심층의식 속에서 '바닥은 단단한 물체'라고 무의식적으로 생각하고 있기 때문일세. 이

렇듯 **자동으로 계속 생각하는 기능을 가리켜 '관념'**이
라고 한다네.

미쓰로   자동으로 계속 생각하는 기능, '관념'이라…. 드디어
발견했어! 범인은 그 녀석이군!

내 안의 관념이 '복권에 당첨될 리가 없다'는 둥 '공
중에서 물질은 나타나지 않는다'는 둥 쓸데없는 생
각을 계속 하고 있군요!!

하느님   쓸데없는 생각? 만약 관념이 없다면 자넨 지금 바닥
밑에 떨어져 있을걸? 하루 종일 '바닥은 단단하다,
단단하다….'라고 말하며 살아가고 싶은가?

미쓰로   아뇨, 그건 무리죠. '바닥은 단단하다'고 중얼거리는
인생이라니, 상상만 해도 지옥이네요. 경전 외기 좋
아하는 스님도 아니고 말이죠.

하느님   그뿐만이 아닐세. '천정은 무너져 내리지 않는다,' '내
다리는 짧다' 혹은 '공기는 들이마셔야 한다, 공기
는 들이마셔야 한다'고 계속 생각해야 한다면?

자네 현실에 존재하는 것, 자네 현실에서 기능하고
있는 장치 전부를 계속 생각해야 한다면 얼마나 끔
찍하겠나? '관념'이 그 역할을 하고 있다네. 다시 말
해 **자동으로 계속 생각하는 '편리' 기능**이란 말일세.

미쓰로   편리기능이라고요? 자동으로 나를 가난으로 이끄는

기능이라니 하나도 편리하지 않거든요!

하느님　호오, 그럼 지금 당장 '바닥은 단단하다'는 관념 하나를 자네 머릿속에서 지워 아래층에 떨어뜨려 줄까?

미쓰로　아니, 그건 안 되죠. 거참, 협박 좀 그만하세요.

하느님　농담일세. 신이라 해도 누군가의 관념을 지울 수는 없다네. **관념이란 그 사람의 귀한 소원의 결정체**니까. 모든 관념은 그 사람의 인생에서 필요한 거라네. 하나라도 없어지면 현실이 와르르 무너져 버리지.

미쓰로　하지만 오늘까지 당신이 한 얘기를 종합하자면 가장 방해되는 건 역시 '관념' 아니에요?

① 우주는 그 사람이 바라는 대로이며

② 믿으면 현실이 된다.

③ 하지만 표층부분에서 바랐던 소원과는 별도로

④ 깊은 곳에서 멋대로 '쓸데없는 일'을 믿는 '관념'이 있다.

관념만 통제할 수 있다면 인생이 내 뜻대로 되겠네요. 아무리 생각해도 이런 성가신 관념을 내가 원해서 믿었을 것 같진 않은데요.

하느님　그, 러, 니, 까! 성가시지 않다니까!! 편리기능!! 모두 자네가 바란 대로야!!

미쓰로, 지금 믿는 그것은 처음에 왜 믿게 되었을까?

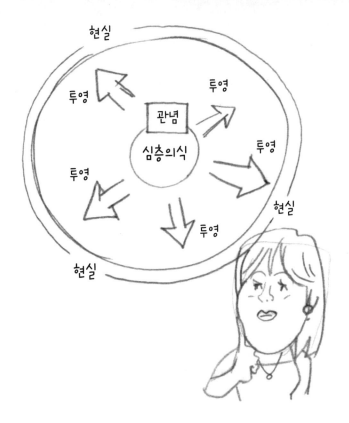

이를테면 자네는 '지구는 둥글다'고 믿고 있네. 자유
가 보장된 우주니까 무엇을 빌어도 괜찮다고 했지?
'지구는 네모다'고 믿는 현실을 구축해도 상관없었을
텐데 자네 현실 속 지구는 오늘도 둥글다네.

미쓰로 왜 그렇게 믿기 시작했더라?

앗!! 이것도 과학 선생님이!! 초등학생 때 그 녀석이
'지구는 둥글다'고 가르쳐 준 거라고요! 이 자식, 이

번에 만나면 내가 가만두지 않을….

하느님   이제 과학 선생에 대해선 잊어버리게. 자네 인생에서
아무 상관도 없는 사람이야. 무엇보다 그 선생을 만
든 사람도 자네 자신이라고!! 이 바보야!!

자라메   응애, 응애.

> 하느님이 과학 선생편을 들며 버럭 소리를 지른 그때,
> 침실에서 미쓰로의 딸 자라메가 우는 소리가 들렸다.
> 오늘 밤 육아 당번은 미쓰로여서 그는 침실로 향했다.

당신에게는 자동으로 계속
소원을 빌어 주는
'관념'이라는
편리기능이 있다.

인류는 모두 고집불통

미쓰로는 침실로 가서 딸을 품에 안고 거실로 나왔다. 그는 딸을 어르며 방 안을 빙글빙글 돌다가 딸이 울음을 그치자 그 상태로 소파에 앉아 방금 떠오른 의문을 하느님에게 던졌다.

미쓰로　저기요, 하느님. '관념'만 없어지면 내 인생은 해피 라이프잖아요!!

'부자가 되기는 어렵다'는 관념이 내 속에 있다면서요? 이거 무지무지 방해되거든요!!

하느님　방해되지 않는다니까!! 처음부터 자네가 원한 거란 말일세! 잘 들어, 관념이란 쉽게 말해 **'무엇'**과 **'무엇'**을 자네가 멋대로 붙인 바람에 그것이 계속 붙어 있는 상태를 가리킨다네.

예를 들어 자네는 '부자가 되기는 어렵다'고 믿고 있어. 즉, 자네가 '부자'와 '어렵다'를 멋대로 붙였다는 뜻이야.

무엇을 붙이건 자유로운 이 우주에서 자네 마음대로 이 두 가지를 붙였단 말일세. 반대로 '부자'와 '쉽다'를 연결하는 사람도 있네. 바로 부자라 불리는 사람들이지.

미쓰로　　그럴듯한데요, 부자들은 '부자'는 '쉽다'고 계속 믿

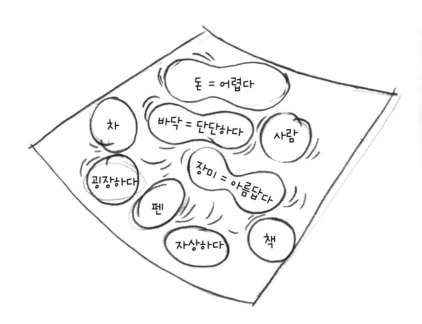

고 있군요. 부러워라!

하느님   이 세상에 무수하게 존재하는 관념 중에서 **강하게 붙어 버린 나머지 고정된 것을 '고정관념'**이라고 한다네. 고정된 탓에 좀처럼 떼어놓을 수가 없지.

미쓰로   고정관념투성이인 사람이 있으면 골치가 아프죠. 우리 회사에도 있거든요. 주위 사람들이 아무리 얘기해도 전혀 듣지 않는 상사가 말이죠!! 그래서 붙은 별명이 '고집불통맨'!!

하느님   별명들이 너무 유치해. '체크맨'에 '고집불통맨'이 뭔가? 초등학생도 아니고! 사실 고정관념투성이인 사람은 그 고집불통맨뿐만이 아닐세. **인류는 모두 그 사람만의 고정관념 속에서 살아가고 있다네.**

자네만 봐도 '돈'과 '행복'을 멋대로 연결시키지 않았나. 그래서 늘 돈 생각만 하고 다니지. 하지만 **본디 '돈'은 '행복'과 아무 상관이 없다네.** 자네가 마음대로 붙여 버린 거지.

미쓰로   누가 들으면 내가 돈만 밝히는 인간인 줄 알겠어요. 이러다가 '쩨쩨맨'이라 불릴까봐 겁나네요.

하느님   걱정할 거 없어. 지구에는 온통 고집불통뿐이니까. 그 사람의 '현실'에 비친 물질과 원칙, 사람, 사건, 인간관계, 물리법칙 등등. 전부 그 사람이 고정관념으로 만들고 있거든.

눈에 비친 현상대로 보이는 건 만든 당사자뿐이라네.

미쓰로   그러니까 내가 없어지면 눈앞에 있는 모든 게 사라진 다는 뜻인가요?

하느님   그렇지. 자네가 의식함으로써 '그 현실'이 구축된다 는 뜻이야. 자네가 관측하기 전 거기에는 '거기'조차 없었어. 아무것도 없다는 얘기지.

양자론 학자가 이미 실험으로 증명하지 않았던가. 관 측 전에는 모든 가능성이 겹쳐 있을 뿐이라고 말일 세. '슈뢰딩거의 고양이'를 검색해보게.

미쓰로 그럼 내가 잠자는 동안 우리집은 산산조각이 돼 있다는 뜻인가요? 아내와 아이까지 말이에요.

하느님 산산조각이라는 표현은 좀 이상하네만 어쨌거나 아무것도 없네.

미쓰로 에이, 거짓말! 잠자는 동안 사라질 리가 없잖아요!! 다음 날 일어나 보면 항상 그대로던데!!

하느님 그건 다음 날 자네가 그렇게 믿었기 때문이야. 집이 있고 아내가 있고 아이가 있다고 말일세.

미쓰로 그럼 내가 의식하지 않는 동안에는 어떻게 살아 있는 건데요? 난 여덟 시간을 푹 잔단 말이에요. 여덟 시간 동안이나 숨을 안 쉬다니 우리 가족은 심각한 수면 무호흡 증후군 환자인가 보네요.

다음 날 아침까지 살아 있을 턱이 없죠!!

하느님 다음 날 아침에 현실을 다시 만드는 게지. 따지고 보면 **'다음 날 아침이다'라고 자네가 믿는 것일 뿐, 사실은 '지금 이 순간'만 실재한다네.** 어제가 있다, 어제도 아내가 있었다고, 자네가 지금 믿고 있는 것에 불과하지.

미쓰로 말도 안 돼!! 어제 분명 난 존재했다고요!!

하느님 기억 따위 뇌의 전기신호일 뿐이야. 컴퓨터에 '어제'라는 가공의 정보를 입력하면 컴퓨터는 '어제 분명

나는 존재했다'고 출력하겠지. 그것과 마찬가지라네.

미쓰로 내가 지금의 세계를 창조하고 있다면 난 굉장히 중요한 인물이겠네요? 우주 차원에서.

하느님 '자네 우주'에서라면 맞네. 나보다 위지.

미쓰로 오, 갑자기 기운이 샘솟는데요! 내가 만물을 창조하는구나!! 나는 신이다!!

당신은 가짜다!!

지금 같으면 공중에서 1,000억 원도 나오겠어요. 나와라, 이얍!!….

하느님 안 나오지? 당연하겠지? 어제 이미 시도해 봤을 텐데. 도대체 왜 똑같은 실수를 반복하는 건가? 참, 맞다. 바보였지. 미안, 미안. 자, 계속 온 마음을 다해

기도해보게나.

미쓰로 치! 그나저나 어째서 난 '공중에서 물질은 나오지 않는다'고 믿어 버린 거지?

하느님 **자네가 바랐기 때문이라고 몇 번을 말해.**
'물질은 공중에서 나오지 않았으면', '지구는 동그란 모양이었으면!' 전부 자네가 바란 대로 되었네.

미쓰로 '그런 바보 같은 소원을 비는 초등학생 따위 이 세상에 한 명도 없다고요!

하느님 관념이 관념을 낳은 게지. 어린 시절 자네는 '어른의 말을 믿고 싶어' 했어.
그런 어린 자네에게 누군가가 말했지. '지구는 동그랗다'고 말이야.

미쓰로 '누군가'가 아니라 과학 선생이겠죠. 분명하게 구체적으로 기억나거든요. 분명 그놈이 지구는 둥글다고 했어요! 그때 왜 '어른의 말을 믿고 싶어' 했을까요?

하느님 **'모든 것을 신뢰했기 때문'**이야. 지금 자네 품에 안겨 있는 딸을 보게나. 아기한테는 관념이 있을까?

미쓰로 소원의 수만큼 있는 게 관념이니 아직 없지 않을까요? 생후 6개월밖에 안됐는데 바라는 게 뭐가 있겠어요?

하느님 그 아이에게는 관념이 어느 정도 생겼지만 갓난아기에게는 하나도 없다네.

미쓰로　그럼 성가신 관념이 하나도 없으니 갓난아기는 뭐든지 할 수 있겠군요! 완전 마법사네!! 이름을 자라메가 아니라 샐리로 바꿀까요? 아직 늦지 않았을 거예요! 당장 시청에 가야겠어요!

하느님　이미 늦었어!! 출생신고는 생후 2주까지라고!! 하지만 '마법사'라는 말은 맞네. **갓난아기는 뭐든지 할 수 있어. 아무것도 믿지 않으니까.**

미쓰로　뭐든지 할 수 있는데 왜 하늘에서 돈을 수리수리 꺼내지 않죠? 밤새 안고 돌봐준 아빠에게 답례 겸 용돈 삼아 주면 좋으련만. 우리 샐리는 눈치도 없지.

하느님　'행복'해지려면 '돈'이 필요하다는 바보 같은 고정관념이 없으니까 그렇지. 심지어 '행복'을 위해 '뭔가'가 필요하다는 관념조차 없다네. '행복'을 다른 무엇과 붙여서 생각하지를 않아. 그러니까 지금 이대로도 충분히 행복하다네. **무엇이든지 가능하니까 아무것도 하지 않는다,** 이 말이야.

미쓰로　하지만 아무것도 믿지 않는다면 이 아이의 '현실'에는 아무것도 비치지 않을 텐데요?

하느님　좀 어려운 얘기가 되겠네만, **아무것도 믿지 않는다는 얘기는 곧 모든 것을 믿는다**는 의미라네. 셀 수 있는 유한의 '수'를 넘어서 무한을 믿는 셈이니까. 이 논리, 자네 같은 바보가 이해할 수 있을까?

이 아이는 숫자로 나타낼 수 없는 '무한'을 믿는 게야. 무한이 뭔가?

미쓰로 무한이란 무지무지 많다는 뜻이죠. 셀 수 없을 정도로요.

하느님 그렇지. 무한이란 곧 '모든 것'이라네. 한정된 '유한'이 아니라 '무한'한 '무'를 믿고 있어. 그러니 아무것도 믿지 않는 갓난아기는 모든 것을 믿는다는 얘기가 되지.

모든 것을 믿고 있으니 **모든 세계를 지금 동시에 보고 있는** 셈일세. 아기를 보면 가끔 허공을 보고 웃을 때가 있지? 그게 바로 모든 세계가 보인다는 증거라네.

미쓰로 과연, '무한'이란 '한정되지 않았다'는 뜻이니까요. 모든 가능성을 품은 무한이라….

아하!! 그럼 **'무' 속에는 모든 것이 있겠군요!** 딸 바보일지도 모르겠지만 이 아이에게는 정말 무한한 가능성이 있네요.

하느님 딸 바보는 무슨, 그냥 단순한 바보일 뿐이지.

모든 것을 믿고 있는 자네 딸은 무슨 일이 일어나도

괜찮다고 믿고 있어. 특정한 그 무엇을 피하려 들지도 않아. '안전'도 '위험'도 믿고서 모든 것을 받아들일 뿐이지. 그러니 **'따분한 고정관념이 쌓이는 앞으로의 인생'** 조차 괜찮다고 생각하고 있다네.

이처럼 자네 딸은 가장 쓸모없는 '자네'가 하는 말을 '믿고 싶어한다'네.

미쓰로　그렇구나, 나도 어렸을 땐 무턱대고 많은 걸 믿었죠. 부모님이며 선생님 말까지 무엇이든 믿어도 괜찮다는 생각에 쓸데없는 숫자까지 믿게 된 거로군요.

초등학생 때 '물질은 공중에서 나타나지 않는다'는 말도 듣자마자 믿어 버렸고요!

하느님　바로 그거야. 그렇다면 어떻게 해서 지금과 같은 믿음이 생겼을까?

① '지구가 둥글다'고 믿은 이유는 '어른들 얘기는 옳다'며 모든 것을 믿고 있었기 때문에.

② '어른들 얘기는 옳다'고 믿은 이유는 '내 주위에 훌륭한 사람이 많다'고 믿었기 때문에.

③ '내 주위에 훌륭한 사람이 많다'고 믿은 이유는 내가 태어난 이 세계의 모든 것을 믿었기 때문에.

이런 방식으로 믿은 관념은 **또 다른 관념을 만들었고** 이런 과정을 되풀이하며 자네들 인간은 성장했어.

미쓰로 흐음, 관념이 관념을 만든 셈이네요. 최초의 관념은 '모든 것에 대한 믿음'이었고요.

하느님 어린 자네에게 '쓸데없는 소원'은 하나도 없었다네. '물질은 공중에서 나오지 않는다'고 선생님에게 배우고는 굉장하다며 믿었지.

'부자가 되기는 어렵다'고 부모님에게 배우고도 굉장하다며 믿었어.

왜냐하면 '무엇이든 믿어도 괜찮다'는 기억이 아직 남아 있었으니까.

어린 아이가 무작정 뭐든 믿게 하는 '절대적 신뢰'의 힘은 심리학에서 '유아기 건망(서너 살 무렵까지의 일은 전혀 기억 못하는 현상)'이라 부르는 연령까지 계속된 후 사라진다네.

미쓰로 관념은 모두 내가 바란 거였군요. 어렸을 때야 '무엇을 믿든 괜찮다'고 생각했을지 모르지만, '무엇을 믿든 괜찮지 않다'고 생각하는 이 아저씨를 어떡하죠? 지금의 나에게 방해물일 뿐이라고요!!

하느님 그럼 없애면 되겠군. **방해된다면 새로운 것을 믿도록 하게.**

미쓰로 예? 없앨 수 있어요? 고정관념을 바꿀 수 있다고요? 그런 건 진작 얘기했어야죠. 중간부터 절망감에 떨고 있었잖아요.

'결국 어쩔 수 없는 인생'인가 싶고, '현실이 구축되는 원리는 알았는데 바로잡을 수 없으니 더 괴로웠다'고요.

하느님 '우주는 당신이 바란다면 무엇이든 이루어 준다'고 말했을 텐데.

'원하는 것 따위 들어줄 수 없다'고 하면 일본 게이단렌(일본 최대 경제 단체)에게 고소당할걸.

자네가 '꿈을 갖고 싶다'면 당연히 들어줘야지!!

잘 듣게, 인생은 3단계야.

① '전부 괜찮다'고 생각해서 따분한 관념을 무수히 생성하는 시기

② '괜찮다'는 것을 잊고서 무수한 관념 탓에 고뇌하는 시기

③ 누군가가 비밀스런 인생 원칙을 알려준 덕분에 현실을 이상대로 다시 구축하는 시기

자네는 지금 막 ③에 다다른 참이네.

미쓰로 굉장한데요?! 가슴이 마구 뛰기 시작했어요!!

차라도 한잔 드릴까요? 죄송해서 어째, 지금까지 엄청 무례했네요.

내 인생에 오신 것을 환영합니다! 방금 전까지 졸리

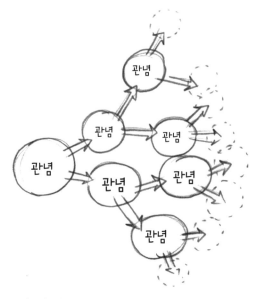

던 게 거짓말 같네요. 당신을 만나게 돼서 정말 다행이에요!!

단, 고뇌하는 시기는 건너뛰고 ①에서 ③으로 바로 넘어가면 좋을 텐데요.

하느님 일단 고민을 해봐야 그 다음에 오는 기쁨을 느낄 수 있지.

힘의 원리가 작용하거든. **이 세상은 상대성의 세계라서 '무엇'과 '무엇'을 비교하고 나서야 비로소 모든 위치가 확정된다**네.

점프를 하려면 먼저 몸을 웅크려야 하지? 마찬가지야. **'나는 불행하다'고 한 번이라도 생각해봐야 '나는 행복하다'는 것을 실감할 수 있다**, 이 말일세.

말하자면 이제까지의 인생은 '준비'의 시기였던 거라
네!! 자, 이제 가게 문을 열게. 신장개업하세!!

미쓰로 예, 점장님!! 이때만 기다렸습니다요.

고정관념이란
당신 혼자만 믿는
환상의 법칙이다.

길바닥에 떨어진 똥도 당신 자신?

인생의 신장개업을 결심한 그때, 온 집안에 알람시계가
요란하게 울렸고 침실에서 아내 허니토스트가 걸어나
왔다.

허니토스트 어머머? 당신, 머리 엄청 헝클어졌는데?

미쓰로 응? 뭐라고? 인생의 신장개업을 하는 이 소중한 날
에 머리가 헝클어지다니 꼴사납게!

미쓰로가 거울을 보니 머리 모양은 X-JAPAN 스타일
의 모히칸이 되어 있었다.

허니토스트 신장개업이라니, 그게 무슨 소리야?

미쓰로 아, 아무것도 아니야. 혼잣말이야(땀).

이번에 회사에서 신규 사업 프로젝트를 시작하게 됐거든, 그 얘기야. 이제 가봐야겠다. 그럼 다녀올게!

> 차에 올라타자마자 미쓰로는 하느님에게 물었다.

미쓰로 자자, 점장님! 회사까지 30분간, 새로운 인생으로 나아가는 비결을 전수해 주세요. 빨리빨리! 아직 문도 안 열었는데 손님이 줄 서 있네요!!

하느님 비결? 전수? 그렇게 대단한 일도 아니라네. 고정관념을 바꾸고 싶다고 했지? 그럼 우선은 고정관념이 무엇인지 찾아야겠구먼.

미쓰로 고정관념 찾기, 그거 꽤 어렵지 않아요?

고집불통맨도 [내 의견만 옳다]고 믿고 있어서 그게 고정관념이라는 것도 모르던데요.

오죽하면 별명이 고집불통맨이겠어요!

하느님 '찾기 어렵다'고 생각하니까 어렵지. 그것도 자네의 고정관념일세. 자, 자넨 자신의 모습을 확인하고 싶을 때 어떻게 하나?

미쓰로 거울을 보죠. 오늘 아침에도 명색이 회사원인데 모히칸 같은 꼴로 출근할 뻔했잖아요. 거울 덕분에 살았다니까요.

하느님 맞네, **자기 모습을 확인할 수 있는 수단은 거울뿐**이
지. 거울은 거울 앞에 선 자신의 모습을 그대로 비춰
주니까 말이야.

그럼 다음 질문, '현실'이 뭐라고 했지?

미쓰로 내 믿음을 비춰 주는 거라면서요? 직접 말해줬잖아
요. 까먹었어요?

하느님 '현실'이란 그 사람이 믿은 모든 것이라네. 다시 말해
**그 사람이 무엇을 믿고 있는지 알고 싶다면 '현실'을
보라**는 얘기지. 그러니 **자신의 고정관념을 알고 싶다
면 눈앞에 펼쳐진 '현실'을 보게나.** 그곳에 비친 모든
것은 당신의 믿음이니까.

미쓰로 오호라, 말 되네요. 눈앞에 있는 것은 내가 '그렇다고
믿었기' 때문에 '그렇게 보인다'는 얘기죠.

내가 '자동차 핸들이 둥글다'고 믿었기에 지금 나에
게 둥글게 보인다, 맞죠?

하느님 물질에만 해당되는 얘기가 아니야.

눈앞에 있는 사람 성격이며 세계의 물리법칙, 사회의
규칙, 뜻밖의 불운이 일어나는 빈도, 성공에 필요한
노력의 분량 등등….

자네 현실에 비치는 현상은 하나부터 열까지 자네가

멋대로 믿어 버린 관념이야. **결국 '현실'이란 자네가 무엇을 믿고 있는가를 비춰 주는 거울**인 셈이지. 그러니 자신의 고정관념을 알고 싶다면 눈앞을 보게나. 자네의 모든 관념은 거기 비칠 테니 말일세.

미쓰로 아하, 이제야 머리에 쏙 들어오네요. 졸음을 참으며 수업을 듣길 잘했어!

자신의 고정관념을 찾으려면 눈앞의 '현실'을 보면 되겠구나! 쉽네!

하느님 찾기는 쉽다네. 자네 거울 본 적 있나?

미쓰로 예? 아까 모히칸 회사원 얘기했을 텐데요? 오늘 아침 거울을 봤다고…. 혹시 머릿속에 지우개 있는 거 아니에요?

하느님 자네, 거울을 본 적이 있다는 말이지? 신인 나에게 맹세코 거짓말은 아니겠지?

미쓰로 거참, 봤다니까요! 방금 차선 변경할 때도 백미러를 봤고요. 그것도 거울이잖아요.

하느님 알았네, 어쩔 수 없군. 자넨 지옥행으로 결정했어. 나에게 거짓말을 했으니.

미쓰로 예에?! 지금 장난하시나요? 본 적 있다고 했잖아요! 억울해, 누명이라고! 기억 못한 건 당신인데 어째서 내가 지옥에 가야 하냐고요.

하느님   자네가 '거울을 본 적이 있다'고 거짓말을 했으니까
        그렇지.
        **자네는 거울을 보지 않았어. '거울에 비친 모습'을 본
        것뿐**이지. 거울이라는 물질 자체를 본 적은 절대로
        없을걸. 왜냐, '거울에 비친 모습' 밖에 보이지 않으니
        까.

미쓰로   …. 젠장, 아들에게 즉석 퀴즈로 내고 싶을 만큼 기
        발했어요.
        '거울을 본 적이 있나요?' 이 질문에 '있습니다'라고
        답하면, 의기양양하게 말하는 거죠. '땡! 우리는 거
        울 자체가 아니라 항상 [거울에 비친 모습]만 보고
        있답니다. 저런, 아깝군요.'
        장난 아니네요, 당신은 잡학왕!

하느님   잡학이라고? 전혀 잡다하지 않아. 가장 중요한 지식
        이지.
        어느 누구도 **거울 그 자체를 볼 수는 없다네.** 거울
        앞에서 빛의 속도보다 빨리 움직인들 거울 그 자체
        를 볼 수는 없다는 말일세.
        왜냐, **거울은 늘 뭔가를 비추고 있으니까.** 매일 아침
        70억 명이 거울을 보지만 사실 그들은 거울을 보고
        있지 않아. '거기에 비친 모습', 즉 '자기 자신'을 보

고 있을 뿐이지.

자신이 자신을 보고 있는 셈이야. 이게 무슨 뜻인지 알겠나?

미쓰로 모든 인류는 나르시스트라는 뜻인가요?

하느님 나르시스트는 자네뿐이야, 이 모히칸 같은 녀석! 잠시 눈을 감고 광활하고 캄캄한 우주공간을 상상해 보게.

그 공간에는 자네와 거울만 덩그러니 놓여 있어. 그것 말고는 전혀 없는 공간이지.

미쓰로 운전하고 있는데 눈을 감으라고요? 대체 날 몇 번

죽이려고 그래요. 그만 좀 하세요. 뭐, 눈을 뜬 채로 방금 상상했지만요.

하느님 아무것도 없는 그 공간에 있는 건 '거울'과 '자네' 뿐이라네. 헌데 방금 자네는 '거울 그 자체는 보이지 않는다'는 사실을 깨달았지.

물질이 안 보인다는 건 그곳에는 아무것도 실재하지 않는다는 뜻일세. '비춰진 사람'과 '비춘 사람' 사이에 '거울'이라는 경계선은 없으니까.

자네와 거울이 있고 그 저편에 거울에 비친 자네가 있다? 틀렸어. 그 사이에는 '거울 자체'가 없거든. **그 우주공간에는 자네만 늘어서 있지.** 자네가 자네를 직접 보고 있는 셈이야.

미쓰로 진짜네! 거울이 없으니 난 완전 외톨이잖아요! 이쪽에도 저쪽에도 끝도 없이 내가 존재할 뿐….

하느님 그게 바로 이 우주라는 '현실'이라네. 우주공간에 존재하는 건 사실 당신뿐이다 이 말이야. 언제나 **당신이 당신을 보고 있어. 현실에 존재하는 것은 모두 당신**이라는 얘기지.

그러니까 만약에 똥이 '현실'에 있다면 그건 자네일세. 슈퍼에 성격이상자가 나타난다면? 그것도 자네고.

미쓰로 예시가 엄청 열 받지만 논리상으로는 맞는 말이네요. 똥도 성격이상자도 나다. 아니지, 보이는 건 모두 나다. 그뿐 아니라 우주 그 자체가 나 자신이다, 이거죠.

이 깨달음, 굉장한데요! 그럼 저기 저 아이돌도 나라는 얘기잖아요?

하느님 **꽃과 무지개도 새와 숲도 모두 자네라네.**

관념이란 자네의 소원이 모인 결정체고, 그 결정체에 빛이 부딪쳐서 360도 사방에 난반사되어 비춰진 게 '현실' 세계일세. 이봐, 거기 있는 똥맨. '싫은 사람이 회사에 있다'고 했나? 그건 자네 자신이라네.

미쓰로 그렇구나. 모든 게 나라면 내가 나를 싫어하고, 내가 나와 말다툼하고 결국 내가 상처받는다….

대체 난 혼자서 뭐하고 있는 거죠?

하느님 놀고 있는 게지. 모두 자네니까 위험 따위 전혀 없는 완벽하게 안전한 세계에서.

미쓰로 자, 이제 슬슬 머리가 아프니까 그만 생각해야지. 아무튼 방해되는 고정관념을 찾으려면 이 '현실'이라는 거울을 확인하면 된다는 거죠? 그곳엔 언제나 내가 믿고 있는 것이 비칠 테니까요.

하느님 맞았어. 사실 **'현실'이란 스스로가 무엇을 믿고 있는**

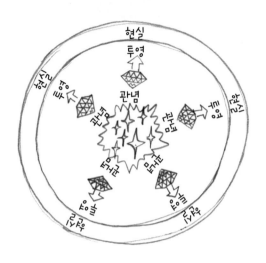

가를 확인하기 위해 존재한다네.

'내가 믿는 건 무엇일까? 그것을 확인할 좋은 방법은 없을까?' 이렇게 해서 자네들은 '현실'이라는 이 세계를 창조하기로 했어.

그러니까 오늘부터 [내 마음속 고정관념이 무엇을 믿는지] 알고 싶다면 그저 눈앞의 '현실'을 보도록 하게. 거기서 일어나고 있는 모든 일은 당신이 믿는 것이니까.

‘현실’이란
당신을 비춰 주는
거울이다.

감정은 왜 끓어오르는가?

여느 때처럼 업무 시작 직전에 아슬아슬하게 도착한 미쓰로는 차를 주차하자마자 6층 사무실까지 뛰어올라 갔다.

다니야 부장 매일 아침마다 헐떡거리며 타임카드를 찍다니. 우
리 미쓰로 군이 무슨 일이실까? 콧바람까지 내뿜으
며 의욕이 넘치신다고? 내 일 좀 나눠 줄까?

미쓰로 안 늦었으니까 됐잖아요. 그만 비꼬세요. 한숨도 돌
릴 겸 직원 휴게실에서 커피 좀 마시고 올게요.

다니야 부장 다른 사람은 타임카드를 찍기 전에 커피 타임을
끝낸다고! 자넨 타임카드만 제때 찍으려고 9시 정각
에 사무실로 뛰어올라오지? 30분 동안이나 휴게실

에서 수다 떨지? 그럴 거면 9시 30분에 찍도록 해!

┌ 상사의 잔소리를 귓등으로 흘린 미쓰로는 휴게실로 들
└ 어가 선배 직원들의 수다에 합류했다.

히사코   어, 미쓰로 안녕. 지금 다같이 거래처에서 준 슈크림
먹고 있는데 너도 먹을래?

미쓰로   선배님, 난 전통과자 취향이라 사양할래요. 양식보다
는 일식파거든요. 하지만 모처럼이니까 그냥 먹을까
봐요. 세 개만 주세요.

히사코   얼씨구, 세 개씩이나! 하지만 의외네, 일식을 좋아
한다니. 매일 패스트푸드만 먹을 것처럼 생겼는데.
앗, 여러분! 저쪽에서 다카타 과장 접근 중. 얼른 제
자리로 돌아갑시다, 뿅!

미쓰로   저놈은 다니야 부장과는 달리 뒤에서 정색하고 잔
소리 하는 스타일이라 농땡이를 들키는 날엔 고과가
깎일 거예요. 숨어라!

┌ 동료들이 각자의 자리로 돌아가는 동안 미쓰로는 화장
└ 실로 달려가 변기 위에 앉아 문을 잠갔다.

하느님   자네, 대체 회사에 뭐 하러 오는 건가? 아슬아슬하

게 도착하더니 곧바로 휴게실에 가서 30분 동안이나 슈크림 먹고, 그러고 나서 화장실에 가서 변기에 앉아서 1시간이나 자다니….

미쓰로 　괜찮아요, 다니야 부장은 일처리만 제대로 하면 화 안 내는 성격이거든요. 문제는 아까 그 다카타 과장 이에요. 왜 전에 말한 체크맨 있죠! 워낙 성실한 놈 이라 원칙도 철저히 따지거든요.

　　　　갑자기 또 짜증이 확 나네. 지난 주에도 저놈 때문에 30분이나 야근했다고요.

하느님 　슈크림 먹으며 싱글거리지를 않나 변기에 앉아서 짜 증을 내지를 않나, 아침부터 감정기복이 극심한 녀석 이로구만.

　　　　이봐, 미쓰로. **자넨 감정이 왜 끓어오르는지 아나?**

미쓰로 　왜냐고요? 이유는 무슨, 그냥 짜증이 나니까 그러 죠. 과장의 존재 자체가 화난다고요! '감정이 끓어 오르는 이유' 따위 전혀 관심 없어요.

하느님 　감정이 끓어오르는 이유만 알아도 금방 쓸데없는 고 정관념을 알 수 있을 텐데.

미쓰로 　아…. 가르쳐 주십시오.

　　　　사실 아까부터 정말 궁금해서 미칠 지경이었거든요. '감정이 끓어오르는 이유'가 뭔지 말이죠. 아이고, 마침 말씀 잘하셨어요, 타이밍이 아주 기가 막히네요.

하느님 넉살 좋은 녀석이군. 뭐, 그렇다 치고. 본래 인간은 **감정과 일체화되어 있어.** 그래서 '감정은 왜 끓어오르는가?'에 대해 가만히 생각한 적도 없지.

분노를 참지 못해 고함치고 슬픔에 빠져 눈물 흘리며, 대부분의 인간이 감정에 휘둘리며 살고 있다네. **본래는 인간이 감정을 선택하는 입장**인데도 말일세.

미쓰로 감정을 가만히 바라본다고요? 냉정해지라는 뜻인가요?

하느님 음, 냉정해진다기보다 조용히 관찰하는 느낌에 가깝다네. 화가 난다는 말을 영어로 'I'm angry'라고 하지. 하지만 바른 영어 표현은 'I feel angry'라네. 전자는 '나는 분노입니다'라는 뜻이거든.

'당신'은 '분노'가 아니잖아? 당신은 '당신'이야. '당신'이 '분노'를 '느꼈다'가 옳은 표현일세.

미쓰로 성공철학을 배울 줄 알았더니 느닷없이 영어회화로 바뀌었네요. 괜찮은 거예요? 이 코스 맞죠? 영어회화 학원으로 잘못 왔나?

하느님 장난은 그만하고 잠자코 듣게!

감정에 휩쓸리는 사람, 즉 '나는 분노입니다'라고 자신을 소개한 사람은 계속 화난 상태겠지? 왜냐하면

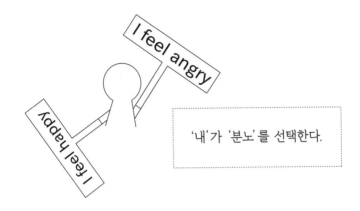

'내'가 '분노'를 선택한다.

'그 사람' 자신이 '분노'니까 말일세.

하지만 'I feel angry' 즉, '내'가 '분노'를 느끼고 있음을 조용히 관찰할 줄 아는 사람은 나중에 '기쁨'도 선택할 수 있다네. 감정을 선택하는 입장이니까. 그러니까 감정이 솟구칠 때엔 감정에 빠져 허우적거리지 말고 자기 자신을 가만히 관찰해 보게. **'누가 그 감정을 선택했는가?'** 스스로에게 되물으면 된다네. 이게 첫 번째 단계야.

미쓰로　그거 옛날부터 자주 들었던 얘기 같은데요? 일단 머리를 식혀라, 같은 얘기 있잖아요.

하느님　그런 평범한 얘기가 아니야. 내 가르침은 차원이 달라!! '감정과 동화하지 말라'는 얘기일세.

그리고 감정에 동화하지 않는 데 성공했다면 다음은

'나는 왜 이 감정을 선택했을까?' 생각해 보게. 다시 말해 어째서 나에게 이 감정이 끓어오르는지 생각해 보는 거지.

미쓰로   감정이 끓어오르는 이유라고요? 제멋대로 생겼겠죠!

하느님   틀렸어! 감정이 격해지는 것은 단 하나의 예외도 없이 이유가 있다네.

그게 바로 그 사람이 믿고 있는 고정관념이야. 전제가 있으니 감정이 격해지는 거지. 아니 땐 굴뚝에서 연기 나겠나?

아무 이유도 없이 눈물이 흘러내리진 않지. 슈크림을 아무렇지도 않게 생각하는 사람이 슈크림을 받아봤자 기뻐하지 않겠지?

미쓰로   그럴 리가요, 슈크림을 받으면 누구나 기뻐할 걸요.

하느님   당뇨병 환자에게 병문안 가면서 선물로 슈크림을 들고 가 보게. 아마 화를 낼걸.

미쓰로, 잘 들어 보게. 그 사람이 뭔가를 굳게 믿고 있기 때문에 감정이 끓어오르는 게야.

슬픔이 돋는 이유는 눈앞에서 일어난 사건 때문이 아닐세. **그 사건을 '슬픈 일'이라고 믿어 버린 당신 자신이지!**

미쓰로   지금 그 말 완전 명언인데요! 말씀대로 눈앞에 있는 슈크림 탓이 아니죠. 슈크림은 무죄요!

하느님 그렇지. 야근에 대해 화가 난 건 자네에게 '좋은 아빠는 일찍 귀가해야 한다'는 고정관념 때문일세. 케이크를 보고 좋아한 이유는 '먹는 건 행복하다'는 고정관념이 있었기 때문이고. 전제가 되는 고정관념이 없으면 그런 감정이 생길 리가 없거든.

미쓰로 그럼 아까 다카타 과장을 보고 화가 난 것도 내가 뭔가를 전제로 믿고 있기 때문인가요?

하느님 자네가 '껄렁함이 멋있다'고 믿는 탓이겠지. '껄렁함'과 '멋있다'를 자네가 멋대로 붙여서는 고정관념으로 만들었어. 그래서 '원칙에 철저한 사람'을 보면 답답하고 화가 나는 걸세.
자네가 멋대로 믿은 고정관념 때문에 멋대로 괴로워하고 있을 뿐이라네.

미쓰로 이거 말이죠, 왠지 말이죠, 짱 바보 같거든요!….

하느님 차, 참고로 '성실함'은 '멋있다'고 믿는 사람이 다카타 과장을 보면 기쁨의 감정이 생기겠지.

미쓰로 말도 안 돼. 다카타 과장을 좋아하는 사람 따위 한 명도 없다고요. 그런 녀석 본 적도 없거든요.

하느님 자네가 '모두 내 편이다'고 믿고 있으니까 그렇지. '믿지 않은 일은 자네 눈에 비치지 않는다'고 내 이

솟아난 감정	가짜 원인	진짜 범인
분노	슈크림	'슈크림은 몸에 나쁘다'는 개념
기쁨	과장	'성실함은 멋있다'는 개념

르지 않았나? 하지만 다른 층에는 있다네. 다카타 과장을 따르는 팬이 말일세.

미쓰로 과장의 팬이 있는 부서가 어디예요? 확 한 대 패줄까 보다! 아, 열받아!

하느님 거봐, 지금 분노가 솟구쳤지? 그렇다는 건 즉, 자네 안에 전제가 되는 고정관념이 있다는 얘기야. 찾아볼까?

'적의 무리를 없애고 싶다', '나는 나약한 인간이다', '정의는 승리한다' 이런 개념을 믿고 있어서 '그에게 팬이 있다'는 말만 듣고 분노의 감정이 들끓었던게야.

미쓰로 나 자신이 부끄러워지네요. 마치 패거리나 늘리고 싶어하는 나약한 패배자 같네. 마음을 꿰뚫는 그 냉정한 분석 좀 하지 말라고요! 하지만 '정의는 승리한다'는 고정관념은 멋지지 않아요? 나도 꽤 괜찮은 구석이 있네.

하느님 정의 따윈 존재하지 않아. 존재하는 건 '그 사람의 정의'뿐이지. **'정의'란 특정한 누군가에게 유리한 해석**을 말한다네. 모든 것이 자유로운 이 우주에서 단 하나의 정의 따위 존재할 리가 없지.

자네는 인사부에 쳐들어가 '자네의 정의'를 내세우며 달려들지 모르지만 인사부 직원은 '성실함'이 멋있다'는 고정관념을 지니고 있어. 그러니 아마 자네가 악마로밖에 보이지 않을 걸세.

미쓰로 오호라, 인사부였군요. 그의 팬이 있다는 부서가(히죽).

하느님 이, 이놈 아주 교활하구만!

미쓰로 하나도 안 교활하거든요! 입을 잘못 놀린 게 누군데요. 못나기는!

가만, 지금 당신이 화를 냈다는 사실은 **'비겁한 놈은 나쁘다'는 고정관념**이 전제에 깔려 있다는 얘기인데요. 명색이 하느님인데, 시시하게.

하느님 그런 고정관념은 없어! '미쓰로가 싫다, 완전 싫다'라는 고정관념밖에 없다네.

미쓰로 뭡니까? 그 괴상한 고정관념은! 그럼 내가 무슨 말을 해도 화가 난다는 말이잖아요!

하느님 농담일세. 하느님 스타일 농담.

어쨌든 이렇게 **감정이 솟아나는 모든 곳에는 '고정관념'이라는 전제가 분명 있다네.**

기쁨이 됐건 슬픔이나 분노가 됐건 무슨 감정이든 간에 '그 사람이 제멋대로 믿어 버린 고정관념'이 전제가 되기 마련이지.

그러니까 감정에 동화되지만 않는다면 자신의 고정관념을 알아챌 수 있어. '이것을 보고 왜 내가 화를 냈을까?' 분석하면 그만이니까.

미쓰로 하지만 말이죠, 냉정하게 분석할 수 있는 사람이 많긴 하지만 그런 사람도 결국에는 화를 내더라고요.

하느님 분석까지는 성공했어도 **분노의 원인을 잘못 찾은 사람이겠지. '눈앞의 사건이 원인'**이라고 단단히 착각한 게야. 진짜 원인은 그것을 제멋대로 '나쁘다'고 믿어 버린 그 사람의 고정관념인데 말일세.

결국 모든 원인은 그 사람 자신에게 있다네.

미쓰로 오오! 드디어 진범 발견인가요. 심지어 범인은 나 자신이니까 스스로 해결할 수 있겠네요!

하느님 그렇다네! 잘 알아챘군, 바로 자네가 범인일세! 극악

무도한 인간 같으니! 게다가 눈앞에 있는 사람이 싫다고 누명까지 씌우면서 자기만 살려고 하다니, 대체 뭐하는 짓인가.

어쨌거나 자넨 지옥행 결정!!

미쓰로　그놈의 하느님 스타일 농담 좀 그만하세요. 진짜 재미없다니까요.

하느님　미쓰로, '감정'이란 건 간극을 메우는 일종의 에너지

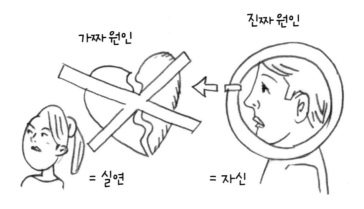

가짜 원인

진짜 원인

= 실연

= 자신

라네.

어떤 사람이 제멋대로 뭔가를 믿고 자기만의 고정관념을 지니게 되었어. 그 관념이 투영되어 '현실'이 만들어지지. 그 비춰진 '현실' 속에서 그 사람이 강하게 믿을수록 이상과 현실 사이에 커다란 차이가 생긴다네.

그 차이를 메우려고 저절로 발생하는 에너지가 바로 '감정'이야. 에너지의 일종이라서 감정이 발생하면 뭔가를 느끼게 돼 있어.

미쓰로 완전 장난 아닌데! '감정'을 에너지학으로 풀어낸 설명은 처음 들어요. 금방 납득했어요. 일단 인사부에는 가지 않으려고요.

하느님 당연하지. 자네가 마음대로 '성실함은 멋없다'고 믿었을 뿐이니까.

자네가 믿은 그 고정관념은 이내 현실이 되었고 눈앞에 나타났지. 그 '현실'을 보고 자네 속에는 강한 감정이 폭발하여 마구 고함치지.

자네들 인생은 마치 콩트 같다네. 제멋대로 뭔가를 심어서 현실을 만들어 내고 그 현실에서 좌절하고는 진심으로 화내고 있지 않은가. 그야말로 희극이지.

미쓰로 남의 인생을 요시모토 신희극(요시모토 연예기획사에

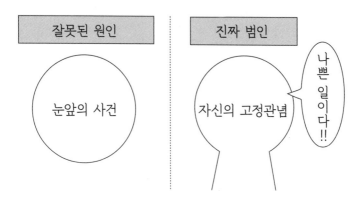

서 소속된 코미디언들이 연기하는 희극 및 극단의 총
칭) 처럼 말하지 말아요! 아등바등 열심히 살고 있는
사람한테 그런 소리를 하다니! 그건 그렇고 감정이
솟구치는 원리는 뭐에 도움이 되죠?

하느님　'자신이 마음대로 심은 고정관념이 원인' 임을 깨닫는
다면 더 이상 슬픔에 휩쓸리지는 않게 될걸세. 분노
에 온몸을 떨지도 않을 테고.

① 슬플 때에는 '나는 왜 슬플까?' 스스로에게 물어 보게.

② 거기에는 반드시 자신이 멋대로 믿어 버린 고정관 념이 존재하지.

③ 그게 바로 진짜 원인이야.

④ 그걸 제멋대로 믿은 사람은 자신이라는 사실을 깨닫도록 하게.

⑤ 그러면 절로 웃음이 나오겠지. 결국 저 혼자 소동 을 피우는 꼴이니까.

이를테면 애인에게 차여서 울었다면 그 사람에게는 '이별은 나쁜 것'이라는 고정관념이 있을 테지.

'이별'은 '나쁜 것'이라고 믿어 버린 탓에 눈물을 흘 리는 거라네. 무엇을 믿든 자유로운 이 우주에서 '이 별'은 '더 좋은 인연과의 만남'이라고 믿어도 될 법도 한데, 안 그런가?

미쓰로 과연! 설득력 짱! 호스트바의 간판 호스트보다 훨씬 연애상담 전문가 같아요!

자신의 고정관념을 안 뒤에는 다른 것을 새로 믿으 면 되는군요. 지금까지는 감정에 푹 빠져 '울고 있는 이유'를 천천히 살필 시간도 없었으니까요.

하지만 '이별'은 '나쁘다'고 멋대로 믿은 게 자신이라는 사실을 깨닫는다면… 진짜로 금방 회복할 수 있겠어요! 이번 가르침, 괜찮은데요.

하느님 그럼, 괜찮지. 누가 가르치는 건데!! 몇 년을 호스트 바에서 수련했는지 알아?

오늘날까지의 긴 역사를 통틀어 우매한 인류는 자신의 고정관념 때문에 슬프다는 사실을 깨닫지 못했다네. 진범을 놓치고 말았으니 그 후에도 몇 번이나 괴로워하겠지. 하지만 진짜 원인을 깨달았다면 다른 것을 믿기만 하면 그만이니, 얼마나 간단한가. 다른 믿음을 가지면 그 고정관념은 금세 사라질 게야.

다시 말해 깨닫기만 하면 고정관념은 사라진다네. 그래서 고정관념은 당신이 알아채기를 바라며 '현실'이라는 눈앞의 스크린에서 반짝반짝 빛나고 있어. '감정'이라는 에너지를 써서 말이야.

모든 인류여! **감정이 넘쳐흐르는 사건이 '현실'에 일어나면 그게 기회라고 생각하시오.** 당신이 강하게 믿는 고정관념을 쉽게 깨달을 수 있을 테니!

미쓰로 우와! 정말 굉장한 가르침이에요. 감정에 휩쓸려 허우적대던 내가 바보 같네요.

하느님 참고로 격한 감정에만 해당되는 얘기가 아니라네. 아까 자네 선배는 "미쓰로는 일식을 좋아하다니 의외네." 하고 말했지. 그녀가 의외라고 생각한 이유는 '미쓰로는 양식을 좋아해' 라고 멋대로 믿었기 때문이야. 예상이 빗나가자 '의외네'하며 놀란 게지. 자네들 인간은 이런 일을 하며 계속 놀고 있다니까!

'의외'란 자기가 마음대로 '의(意, 생각)'를 심어 놓고 나중에 그 생각 '외(外, 밖)'로 벗어나 놀라는 것에 지나지 않아.

어느 쪽이든 그 사람 마음인데 말이야!

미쓰로   아무리 봐도 우린 콩트 같네요. 미로의 갈림길에서 '오른쪽'을 예상했는데 정답은 '왼쪽'이란 말을 듣고 '의외다!' 떠드는 거죠. 냉정하게 보면 어느 쪽이든 상관없잖아요? 그 녀석이 마음대로 '오른쪽이다'라고 믿었을 뿐이니까요.

하느님   맞네. 정말 어찌 되든 상관없는 콩트지!

'의외' 앞에는 스스로 심어 놓은 '생각'이 존재해. 인류는 '**의외(意外) 앞의 〈의(意)〉**'를 깨닫지 못하는 것 뿐이야.

그러므로 나는 이것을 '**의외(意外) 앞의 의(意, 생각)의 법칙**'이라 부르려고 하네!

미쓰로   뭐, 원하시는 대로 하십쇼. 마음대로 이름 붙이면 되잖아요? 뭘 쑥스러워 하고 그래요?

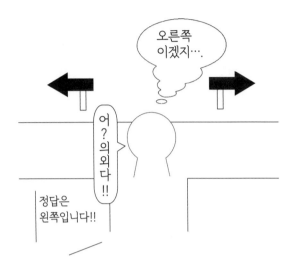

하느님　머, 머리에 쏙 들어오지 않나? 〈테루마이 로마이(라
틴어로 고대 로마의 공중목욕탕. 야마자키 마리 원작
의 만화로 800만 부 돌파한 베스트셀러. 2012년 영화화
되어 일본 박스오피스 3주 연속 1위)〉처럼 말이야. 은
근 자신 있었는데…. 아무튼 의외 앞의 의! 이게 진
범일세.

**감정을 일으키는 건 자신이 제멋대로 자신이 심어 놓
은 고정관념, 즉 '의외 앞의 〈의〉'라네!!** 스스로 심어
놓은 것이니 다른 관념을 다시 심으면 그만이지. 그러
니까 이제부터 감정에 휩쓸린다 싶으면 '의외 앞의

의'를 여러 번 외치며 〈의외 앞의 '의'〉를 찾도록 해. 진범은 금방 잡게 될 게야!…

미쓰로 그거 괜찮은 방법인데요. '의외 앞의 의'라고 중얼거리면 진범을 금방 찾게 된다 이거죠. 괜찮네요! 좋았어, '의외 앞의 의 퇴치운동' 개시!

하느님 퇴치까지는 안해도 돼. 일단 뭔가를 미리 심지 않는 한 아무 감정도 솟아나지 않으니까. 심는 작업은 필요하다네. 다만 **'심은 사람은 자신'이라는 사실을 잊어버리는 바람에 당신들이 괴로워하는 거야.** 현실에 휘둘리게 되는 거라고.

'내가 심어놓은 것에' → '스스로 넘어지고' → '혼자서 일희일비하고 있을 뿐'일세. 진정한 원인을 깨닫기만 하면 바로 웃음이 나오고 두 번 다시 괴로워하지 않게 된다네. 이제 슬슬 정리해볼까.

'모든 감정이 일어나는 장소에는 자신이 제멋대로 믿어 버린 고정관념(의외 앞의 의)이 존재한다!'

이 가르침은 인생의 열쇠가 되니 잘 기억해두게. 감정이 일어나는 때야말로 기회라네. 당신이 무엇을 강하게 믿고 있는지를 그 사건으로 확인할 수 있거든.

'감정'이란 당신이 강하게 믿는 고정관념을 알 수 있는 경보음에 불과하니까. 귀를 기울여서 '감정'을 조

용히 관찰하게나.

> 그날 오후 미쓰로는 업무 조정차 인사부를 찾았다.

미쓰로 야마다. 다카타 과장님에 대해 어떻게 생각해?

야마다 굉장히 좋은 분이에요. 함께 일하는 미쓰로 씨가 부러워요. 모든 부서와 업무를 조정하고 있는데, 관리직 한 명만 참여하는 부서는 미쓰로 씨의 영업부 정도예요. 이 업무, 다른 부서에서는 평사원이 담당하거든요.

다카타 과장님은 늘 밤늦게까지 홀로 남아 제출하러 오시더라고요. 미쓰로 씨는 일찍 퇴근하니까 몰랐을 테지만요.

> 영업부로 돌아간 미쓰로는 다카타 과장에게 슈크림을 건넸다.

다카타 과장 무슨 일이야? 근무 시간에 책상에서 이런 걸 어떻게 먹어. 서류가 지저분해지잖아.

미쓰로 과장님, 괜찮으니까 어서 드세요. 다들 하는 일이라고요. 다니야 부장님도 아이스크림을 서류에 마구 떨어뜨리면서 먹어요.

과장님도 말이죠, 가끔은 어깨의 힘 좀 빼고 사세요.

평소와는 다른 부하의 모습에 당황하면서도 다카타 과장은 입 주위에 크림을 묻히며 슈크림을 한 입에 우겨 넣었다. 서류에 떨어뜨릴까 봐 입 안에 필사적으로 슈크림을 집어넣는 상사를 보고 미쓰로는 눈물을 흘리며 말했다.

미쓰로   과장님, 항상 고맙습니다.

그의 마음속에 있던 '성실함은 멋없다'는 관념은 눈물과 함께 날아가 버렸다.

〈연습하기〉

감정이 분출할 때가 기회임을 기억합시다. 감정이 솟아나면
① 그 감정에 동화되지 맙시다.
② 그리고 그 감정을 선택한 건 '나'임을 깨달읍시다.
③ 다음에는 나는 왜 화내고(울고) 있을까? 스스로에게 물어봅시다. '의외 앞의 의'라는 주문을 외우면서.
감정이 솟아나는 이유는 눈앞의 사건 때문이 아닙니다. 그것을 '나쁘다'고 믿어 버린 당신의 고정관념이 바로 진정한 원인입니다.

이번 활동은 눈앞의 사건을 '나쁜 일'이라고 믿고 있는 고정 관념을 찾아내는 데 효과적입니다. 고정관념을 찾으면 멋대로 그것을 믿어 버린 자신이 원인임을 깨달을 수 있습니다.

그 단계까지 도달했다면 그 고정관념과 다른 것을 믿어 보세요(하느님이 '실연'과 '나쁘다'가 아니라 '실연'과 '만남의 계기'를 붙였듯이).

'감정'이 흘러넘치는 사건은
당신의 고정관념을
알아챌 수 있는 기회다.

2교시

....

내 뜻대로 현실을 바꾸는
열 가지 방법

타인의 의견도 자신의 의견

슈크림을 건네는 자신의 모습을 동료들이 볼세라 미쓰
로는 빈 회의실로 달려갔다.

하느님　왜 눈물을 흘렸지? 눈물 젖은 슈크림 따위 자네 상
사도 먹고 싶지 않았을 텐데. 그런데도 자네 체면을
생각해서 먹은 게로군. 정말 품성이 착한 사람이군.

미쓰로　몇 년 전인가, 딱 한 번 저녁 8시까지 야근한 적이
있거든요. 나한텐 드문 일이었죠. 그때 과장의 휴대
전화가 울리더니 아이 목소리가 들리더라고요. "아
빠, 아직 일해?" 문득 그 일이 생각나서 여러 감정들
이 북받쳤어요.

그건 그렇고 고정관념을 바꾸려면 깨닫기만 하면 되
는 거예요? 너무 쉬운 거 아니에요?

하느님 쉽지. '관념'이란 무엇인가를 믿는 상태니까 그 무엇인 가를 믿지 않으면 금방 사라져 버린다네. 그럴려면

① 먼저 자신의 고정관념을 '깨달아야' 한다.

② 스스로 깨닫기 위해서는 '현실'이라는 거울을 본 다.

③ 어디서? 감정이 흘러넘치는 사건 주위에서.

④ 그곳에 진범인 고정관념이 있다.

이렇게 고정관념을 찾았다면 전혀 다른 것을 믿기만 하면 된다네. 그러면 관념은 금세 사라질 게야.

그리고 아까 그 방법은 '믿음'의 반대쪽으로 접근해 서 고정관념을 없애 버린 좋은 사례일세.

미쓰로 과장님 말이에요?

하느님 그래. 현실은 거울에 불과하지. '성실한 과장'이 비쳤 다면 그것도 자네 믿음이야. '인생에는 성실함도 필 요하다'고 어린 시절의 자네는 믿었어. 하지만 그 역 할을 스스로 담당하고 싶지는 않았지. 그래서 과장 이라는 타인의 모습으로 자네의 고정관념을 '현실'에 비추고 있는 게야.

자넨 '성실함'과 '멋없다'를 붙였지. 표층의식으로도 알 수 있지 않나?

미쓰로 음, 성실하면 왠지 멋없다는 느낌이 들더라고요.

하느님 표층의식에서는 ['성실함'은 '멋없다']고 생각하는 반면 심층의식에서는 ['성실함'은 '필요하다']고 생각하고 있어.

두 가지 모순되는 '믿음'이 존재하니 '현실'에서 자네가 괴로워하는 일이 자꾸 생기는 게야. 그런데 아까 자네는 관념의 정반대 쪽으로 접근했어. '성실함'도 '멋있지' 않을까? 하고 말일세. 처음으로 정반대 쪽을 믿어 본 셈이지.

반대쪽을 믿으면 어떻게 될까? **+1을 믿던 사람이 −1을 믿게 된 셈이니까, 양쪽 다 믿으면 0이 되지? 결과적으로 이제까지 지녔던 관념이 사라진다네.**

이제 자네는 '성실함'을 '멋있다'고도 '멋없다'고도 생각하지 않아. '성실함'에 관한 고정관념을 없애 버렸으니까. '성실함'은 어떤 관념과도 붙어 있지 않지. 이름하여 '한 발씩 다가가기 수법'이라네.

미쓰로 스모의 승부수인양 슬쩍 기술 이름을 붙이지 말라고요. **'한 발씩 다가가기 수법'**이 뭐예요, 촌스럽게.

하느님 촌스럽긴, 뭐가! 멋진 기술이라고! 표층의식에서 '싫다' 생각하는 것 모두 심층의식에서 '좋다' 생각하고 있어. 예외 없이 전부 그렇다네.

그리고 심층의식에서건 표층의식에서건 믿은 것은 현

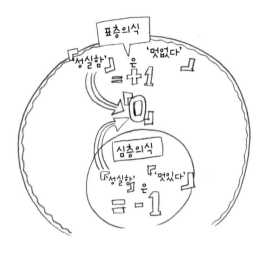

실에 나타나지. 대개의 경우 **자신이 심층의식에서 믿고 있는 생각은 '타인'의 말을 통해 표현한다네.**

하지만 자네 현실에 등장하는 건 타인을 포함해 모두 자네 자신이라고 했지? 결국 놀랍게도 **자신의 의견에 대해 자기들끼리 주고받고 있는 셈**이라네.

미쓰로 그럼 과장과 내 의견 둘 다 내 의견이란 말이에요?

하느님 그렇지! 표층의식은 스스로 통제할 수 있어. 그래서 자네는 '성실함은 멋없다'는 관념을 '사토 미쓰로'라는 등장인물을 통해 표현하고 있네. 단, 문제는 정반대 쪽도 자신의 믿음이라는 사실을 깨닫지 못한다는 데 있지.

'성실함도 필요하다'라는 정반대 의견을 자네는 '과장'을 통해 표현하고 있었던 걸세.

어떤 원리인지만 깨달으면 나머지는 간단해. **항상 절충할 수 있는 건(통제할 수 있는 건) '나'라는 등장인물뿐이야.** 자네는 입사 8년차가 되어서야 과장에게 다가갔어.

미쓰로 　신입사원 시절부터 이런 쓸데없는 소모전을 반복하다 정신 차려 보니 중견사원이라는⋯. 지나간 내 청춘을 돌려다오!

하느님 　앞으로 자네 현실에는 성실함이 멋있는지 멋없는지 고민하는 소모전 따위 두 번 다시 일어나지 않을 게야. 이제 '성실함'에 대해선 타인과 부딪치지 않는다는 뜻이지. 무슨 말인지 알겠나? 이제 두 번 다시 이런 사건으로 괴로워하지 않아도 된다는 말이야. 아까 흘린 눈물과 함께 쓸데없는 고정관념 하나가 사라졌으니까. 축하하네.

미쓰로 　난 정말 무의미한 싸움을 벌이고 있었군요.

둘 다 내 의견인데 표층의식(대체로 본인)만을 지지하며 살았다니.

하느님 　표층의식 부분을 심리학에서는 '에고(ego)', 불교에서는 '자아'라고 부른다네.

표층의식은 통제할 수 있는 부분이라서 대개는 '현실'이라는 거울에 본인으로 등장하지.

헌데 정반대 관념은 심층의식이라서 통제할 수 없는 '타인'으로 등장한다네. 하지만 둘 다 당신의 의견이야. 그러니 고정관념을 가장 빨리 없애려면 에고○○가 믿는 정반대 쪽으로 다가가면 돼.

즉, '당신'이 싫어하는 상대에게 다가가면 된다네.

미쓰로　　과연! 이거 완전 굉장한데요! 여태껏 읽었던 여느 성공철학보다 훨씬 명쾌한 설명이에요!

쓸데없는 고정관념이 이렇게 간단하게 사라지다니. +1과 −1을 더하면 0이 된다 이거죠.

자신이 믿고 있는 개념과 〈정반대〉에 있는 것을 믿을 용기만 있으면 되겠군요!

하느님　　원리는 간단하지만 실천하기는 어려울 게야. 따라서 현실은 쉽게 변하지 않을 테지.

자네, 자신과 반대 의견을 가진 타인을 사랑할 수 있나?

미쓰로　　지금은 할 수 있어요! 이제까지 이렇게까지 납득이 잘되는 설명은 처음이거든요. 당신이 아주 명쾌하게 설명해 줬으니까 할 수 있어요! 이 가르침을 들은 사람들 모두 행동에 옮길 게 분명해요!

당신은 천재!

하느님 아, 그런가? 내가 좀 대단한가? 왠지 쑥스럽구만.

미쓰로 그리고 이 고정관념을 없애는 멋진 방법의 이름이 뭐라고 했죠?

하느님 **'한 발씩 다가가기 수법'** 이라네(훗).

미쓰로 촌스럽긴. 그건 촌스러워요. 네이밍 센스는 빵점이네요. 하지만…. 감사합니다!!

〈연습하기〉
당신 주위에 당신과 다른 의견을 가진 사람이 있다면 그 사람에게 다가가 봅시다.

내가 믿는 것과
정반대로 믿으면
고정관념은 사라진다.

거울에 비친 자신이 제멋대로 움직인다면?

> 오후에 외근을 나가려고 영업용 차량에 올라탄 미쓰로
> 는 차 키를 돌려서 시동을 걸었다.

미쓰로   아까 배운 훌륭한 가르침, 오후에 방문할 거래처 여
              섯 곳에도 알려줘야겠어요!

'하느님   그만두게. 인간이란 수천년의 오랜 역사가 지나도록
              타인에게 다가설 수 없었던 존재라네. 자네도 금방
              다른 사람 불평을 하게 될걸.

미쓰로   그럴 리가요! 난 이미 천사로 다시 태어났다고요. 이
              제 나쁜 생각은 요만큼도 하지 않을 거예요. 모두가
              나 자신입니다. 아멘.

              그런데 이놈의 앞차는 왜 이렇게 느려. 빨리 좀 가지
              (빵빵).

하느님 거봐, 금세 남의 잘못을 탓하는군! 회사 로고가 찍힌 차로 그런 짓을 하다니, 자네 바보 아닌가?

이봐, 미쓰로. '현실'이란 자네를 비춰 주는 거울이라고 했지?

미쓰로 (하느님을 무시하고) 바보 아니에요! 나는 천사라고요(빵! 빵빵)!

하느님 분명히 자네한테 되돌아올 걸세. 고객 클레임 전화로 말이야. '현실'이 **거울이라면 거울을 향해 행한 대로 전부 본인에게 되돌아오게** 마련이니까.

미쓰로 호오…. 당신 말에 슬슬 겁나기 시작했으니까 그게 무슨 뜻인지 가르쳐 줘요. 이제 앞차에다 빵빵거리지 않을게요.

하느님 간단한 원리야. 거울은 자네를 비추고 있어.

자네 행동을 계속 되받아치고 있다는 얘기지. 친절하게 행동하면 친절한 행동이 되돌아올 테고. 거울이라는 '현실'이 자네가 믿는 '친절함'을 반사하는 셈이니까.

미쓰로. 만약 반바지를 입은 여사원이 거울을 보며 "난 분명 치마를 입었단 말이야!" 하고 말하고 있다면 어찌하겠나?

미쓰로 조심스럽게 병원을 소개하겠습니다.

하느님 자네들 인간이 늘 하는 행동이라네.

반바지 입은 모습을 비추는 거울을 보며 "난 분명히 치마를 입었단 말이야!" 라고 소리치고 있어. 말도 안 되는 얘기지! 거울에 치마가 비친다면 입은 게 확실 하겠지만.

미쓰로 그렇군요. 당신이 나한테 병원을 슬며시 소개해줘도 이상할 게 없는 상황이네요.

난 분명 치마를 입었단 말이야!

'현실'에 내가 바라지 않은 일(=앞차가 느리다)이 일어났다고 말하고 있는 셈이니까요. "반바지 따위 입은 적 없어!! 난 분명 치마를 입었단 말이야!"라고 말하는 것과 똑같네요. ….

음, 그냥 입원할까 봐요.

하느님   아직 늦지 않았어. 좀 더 경과를 지켜보도록 하지. 앞으로 '현실'에서 짜증나는 일이 생길 때마다 아까 그 여자를 떠올리도록 하게.

'반바지 여사원' 말이야. 떠올리기만 해도 절로 웃음이 나오면서 금방 생각날 테니. **'맞다, 내가 믿었기 때문에 이 현실이 비치고 있는 거였지'**라고 말일세.

미쓰로   좋은 방법이네요. 짜증이 밀려올 때마다 암시처럼 떠오를 것 같아요. '반바지 여사원'이라, 완전 충격인데요.

하느님   그럼 이번에는 거울 속에 손을 넣고 거울 속 자신의 머리 모양을 바꾸려는 사람이 있네. 어찌할 텐가?

미쓰로   더 전문적인 병원을 권하겠습니다.

하느님   그렇지? 하지만 이 역시 자네들이 평소 '현실'을 보고 하는 행동이야. **거울에 비친 자신의 머리를 먼저 바꾸려고 한다니까.** 도저히 불가능한 일인데 말이야. 한번 거울 앞에 서서 해보게나. 거울 속 자신의 머리 모양을 자신보다 먼저 바꿀 수 있는지 말일세.

미쓰로 거울 속에 손을 넣으려 해도 거울 표면에서 막힐 게 뻔하죠.

하느님 물론이야. 거울 속 머리 모양은 나도 손댈 수 없다고. 그럼 거울이라는 '현실'에 비친 사건이 마음에 들지 않을 땐 어떻게 하면 좋을까?

미쓰로 거울에 비친 모습을 바꾸려면 먼저 비치고 있는 이쪽 머리를 바꾸면 되죠 …. 아하, 그렇구나.

'현실'을 먼저 바꾸지는 못하는군요! 그것을 보고 있는 내가 먼저 변해야 하니까요!

하느님 그렇지. 바로 맞혔어! 입원은 취소하지. 현실을 먼저 바꾸기는 불가능한 일이라네. **현실을 바꾸려면 '투영한 쪽'인 당신의 생각을 먼저 바꿀 수밖에 없어.**

미쓰로 먼저 내 생각을 바꿔야 한다는 건, 그러니까 '**해석**'을 바꾸면 되겠네요!

하느님 대단해! 회복 속도가 엄청난데, 미쓰로!

이젠 웬만한 사람보다 더 건강한 상태야. 현실을 바꾸고 싶다면 '해석'만 바꾸면 된다네!

사건을 먼저 바꿀 수는 없어. 사건이 일어났을 때 '어떻게 생각할지'를 먼저 바꾸는 수밖에 없다고.

자, 이건 격언이니까 잘 기억해 두게. '**거울은 먼저 웃**

지 않는다.'

미쓰로 오, 좀 멋진걸. 시인 같네요. 하느님은 그쪽 분야에서
도 좀 하시나 봐요?

하느님 내가 좀 하지. 시인이기도 하거든.
잘 듣게, 거울은 먼저 웃지 않아. **이쪽이 먼저 웃어야**
지. 그러니 해석을 먼저 바꿔야 한다네. 그리하면 거
울에도 웃는 얼굴이 비칠 걸세!
인간이여, 당신의 '현실'을 보고 '현실'보다 먼저 웃
으시오. 거울은 먼저 웃지 않으니까(훗).

미쓰로 지금까지 난 계속 과거를 바꾸려고 했군요. 눈앞
의 '현실'은 과거를 뜻하니까요. 천문학자가 밤하늘
을 보고는 '지금 저 별을 보고 있는 듯하지만 사실은
10억 년 전에 저 별에서 나오는 빛을 보고 있다'고
설명하더군요. 저 우주의 별이 10억 년 전의 빛인 것
처럼 눈앞의 현실도 0.001초 전에 일어난 과거네요!
현실은 과거! 그러니 바뀔 턱이 없지!!

하느님 그렇다네. 미쓰로, 이제 앞차에 대해 어떻게 생각할
텐가?

미쓰로 느리고 느린 자동차여, 천천히 달려 주세요. 내가 차
선을 바꾸면 그만이니까요. 안녕, 잘 가!

〈연습하기〉

눈앞에 일어난 사건을 보고 '이건 내가 원했던 일이 아니야' 라는 생각이 들 때마다 '반바지 여사원'을 떠올려 봅시다. 거울에 그 사건이 비치고 있다면 반바지를 입은 사람은 당신입니다. 당신이 믿었기에 현실에서 일어난 것입니다.

이미 일어난 사건을 바꾸려 들지 말고 그 사건을 해석하는 방법부터 바꿉시다. 생각이 바뀌면 그저 거울에 불과했던 '현실'은 저절로 변합니다.

거울은 먼저 웃지 않는다.

우주에 소원을 비는 유일한 방법, 〈상상〉

영업을 뛰려고 외근을 나온 미쓰로는 언덕 위의 공원에 차를 세우고 벤치에 걸터앉았다.

하느님   대체 자네는 하는 일이 뭔가? 일은 언제 해?

미쓰로   공원에서 인간계를 내려다보는 게 내 일인데요. 여긴 내가 제일 아끼는 곳이에요. 외근 핑계 대고 늘 농땡이 치러 오는 곳이죠. 어때요? 온 동네가 한눈에 보이는 이 경치!! 가슴이 탁 트이네요.

하느님   **온 동네가 보인다면 온 동네에 노출되어 있는 곳이라**는 얘기인데. 그것도 모르고 여기서 농땡이질이라니 참으로 딱하군. 온 동네에 소문 다 나겠어.

하긴 인간은 늘 고개를 숙이고 다니니 괜찮긴 하겠군. 고개를 들고 다니는 사람이 없으니 자네의 농땡이는 오늘도 들키지 않을 게야.

미쓰로 이 거리를 내려다보니 오늘도 많은 이들이 고민을 짊어지고 있군요. 하늘은 이렇게 맑디맑건만. 우리 인간에게는 '문득 하늘을 올려다본다'는 말이 통하지 않아요. 발밑의 현실만 보며 살아가니까요.

학교나 일, 육아, 가사 같은 눈앞의 '현실'에 쫓기며 살다가 죽겠지요.

하느님 무슨 일 있나? 오늘은 시인 모드인가 보군. 확실히 틀린 말은 아니네만.

눈앞의 '현실'은 자신이 만드는 거라네. '보고 듣는 일, 일어나는 일' 전부가 그렇지. 그 사람 눈에 보였다면 그 사람이 그 현실을 보기를 원했다는 의미지.

이곳 사람들에게 고민은 있겠지만 결국에는 모두 다 행복하다네. 바라지 않은 일은 하나도 일어나지 않으니까. 최소한 세상을 떠나는 순간에는 깨닫게 되겠지. '인생은 처음부터 끝까지 온통 내가 바라는 대로였구나!' 하고 말이야.

미쓰로 나는 다르죠. '이 세계의 비밀 원칙'에 대해 이미 배웠으니. 당신 덕분…. 아, 안타깝게도 이제 행복해질 일만 남았구나. 좋아, 운명으로 받아들이겠어. 복권이라도 살까 보다.

하느님 너무 딱해서 말도 안 나오는구만. 아무튼 원칙은 단 하나라네. '믿음이 현실이 된다.' 이 말인즉슨 **현실과 다른 것을 믿어야 한다**는 뜻이네. **'거울보다 먼저 웃는다'** 는 말처럼.

그런데도 자네들 인간은 슬픈 일이 닥치면 그저 '슬프다' 말하고, 화나는 일이 발생하면 그저 '짜증난다' 말하지. 그러고 있다가는 현실은 영원히 변하지 않을 걸세.

현실과 다른 뭔가를 먼저 생각할 것, 이게 핵심이야. **'이 일에 대해 어떻게 생각하고 싶습니까?'** 하고 말일세. 현실, 즉 거울을 보며 감상을 말하라는 뜻이 아니야. 그것에 대해 어떻게 생각하고 싶은지 의사를 표명하라고.

미쓰로 저 별도, 눈앞의 현실도 '일어나고 있는 일'은 모두 과거일 뿐. 과거를 보며 내 생각을 먼저 바꾸지 않으면 똑같은 일이 되풀이될 테죠.

내가 비춘 것이 거울에 비치고 그것을 또 비추고…. 슬픈 일을 보고 '슬프다' 말하고 슬프다고 믿은 탓에 또 슬픈 일이 일어나고, 그것을 보고 또 '슬프다'고 말하고…. 이것이야말로 생지옥, 무한반복이로구나!

하느님 　그 **연속 '거울' 지옥**에서 빠져나갈 방법은 하나뿐일세. 하늘을 올려다보게. 현실과 다른 일을 상상하면 된다네. **'상상'이란 현실과 다른 일을 제멋대로 생각하는 기적의 능력이야.** 거울에 비친 일과는 다른 일을 거울보다 먼저 생각할 수 있어. 우주에 변화를 일으킬 수 있는 유일한 힘이지. 내가 인간에게 부여한 기적의 능력이 바로 현실과 다른 일을 생각하는 '상상' 아니겠나. 잠깐 훈련해 볼까.

지금 공원 주차장에 세워 둔 자네 차에 접촉 사고가 났다면 어떡할 텐가?

미쓰로 　울겠습니다. 공원에서 땡땡이쳤다는 게 회사에 들통날까 봐서요.

하느님 　'차들이 서로 부딪치는' 현상은 물리적 현상에 불과하네. 유리창은 깨지고 철판은 찌그러지고 연기가 피어나지. 몇 번을 부딪쳐도 반응은 똑같아. 그런데 인간은 그 뻔한 '현상'에 대해 다른 반응을 나타낼 수 있어. '차들이 서로 부딪치는' 현상에 어떤 사람은 '분해'하는 반면 어떤 사람은 '아싸!' 하고 외친다네.

미쓰로 　차가 망가졌는데 '아싸!' 외치는 사람이 어디 있어요?! 바보가 아니고서야.

하느님 　농담 아니야! 정말 있다네. 새 차를 마련하고 싶어했던 사람이 사고를 당했다면 상대편 보험으로 새 차를 살 수 있지? 그런 사람은 "아싸! 사고 당했다!" 하고 말할걸.

미쓰로　과연. 하긴 그렇겠네요.

하느님　이게 무슨 의미인지 알겠나?

'사건'에 부여된 유일한 의미는 없다는 의미일세. '무의미한 사건'에 인간이 의미를 붙이고 있어.

일어난 사건에 대해 '어떻게 생각하는가?'가 아니라 '어떻게 생각하고 싶은가?'의 문제라네.

중요한 건 그것뿐이야.

자동차가 충돌하면 늘 동일한 반응이 일어나는 이 세계에서 인간은 전혀 다른 힘의 방향성을 부여한 셈이지. 그러니 '현실'을 바꾸고 싶다면, 행복해지고 싶다면 이제부터 **'현실'과는 다른 '생각하고 싶은 것'을 상상하도록** 하게.

'상상'이라는 인간이 지닌 기적의 능력을 마음껏 활용하라는 말일세!

미쓰로　이번 가르침도 엄청 수긍이 가네요! 현실과 '다른 것'을 상상하면 이 거울 지옥에서 빠져나갈 수 있겠군요.

하느님　'상상'이야말로 우주에 소원을 비는 유일한 방법이니까. 인간들이여, 상상으로 우주를 변화시키시오! 이것을 할 수 있는 건 당신들뿐이니!

미쓰로   우와! 왠지 의욕이 샘솟는데요! 내가 지금 농땡이칠 때가 아니지! 좋았어, 나는 이제부터 인간계에 내려가서 '상상하세요,' '상상하세요' 하며 존 레논처럼 모두에게 전파하겠어요. 이매진♪ 따아, 랄, 랄, 라알♪

〈연습하기〉

시간을 따로 정해서 일상과 전혀 관련 없는 일을 상상해 봅시다. 상상하는 동안 당신의 마음은 가벼워질 것입니다. 그것이 바로 '현실'에서 빠져나오고 있다는 징조입니다.

인간은 눈앞의 '현실'과
다른 것을
상상할 수 있다.

우주에 부정어는 통하지 않는다

언덕 위의 공원을 나온 미쓰로는 시내 외곽의 노래방에 차를 세우고 안으로 들어갔다.

하느님   여긴 영업하러 온 건가?

미쓰로   아뇨, 잠깐 방에서 '이매진'이라도 연습할까 해서요. 앞으로 모든 거래처에 훌륭한 가르침 '이매진! 나는야 농땡이!'를 전파하려면 음정은 제대로 잡고 가야죠. 아, 아, 아. 마이크 테스트, 마이크 테스트. 이매진….

하느님   나조차 무서워지기 시작했네. 아주 마음껏 농땡이를 치는군.

미쓰로   참, 음료수 주문해야지. 당신은 아무것도 안 마시죠? 음, 쓴 맛은 싫으니까…, 어라? 메뉴에 없네. 직원에게 직접 물어봐야지.

이렇게 말하고 미쓰로는 방 안에 있는 전화를 집어들었
다.

미쓰로　저, 죄송합니다만 메뉴엔 커피밖에 없어서요. **쓰지**
않은 음료 부탁합니다. 쓴 건 잘 못 마시거든요.
직원　네, 알겠습니다.

전화를 끊은 미쓰로가 마이크를 잡는 순간 하느님이
말을 건넸다.

하느님　그나저나 지구는 참 편리하구만.
미쓰로　당신 세계엔 노래방 시스템도 없나 봐요? 촌스럽긴.
이매진, 올 더 피플….
하느님　아니, 노래방 말고 주문 방법 말이야.
우주에 소원을 빌 때 부정어는 통하지 않거든. 사실
자네들이 소원을 빌어도 좀처럼 이루어지지 않는 이
유가 이것 때문이지.
조금 전에 **'상상'**하면 소원이 이루어진다는 사실을
내가 알려 줬지? 그 말을 들은 자넨 상상만 하면 된

다고 생각했겠지만 **상상에도 요령이 있다고.**

미쓰로   그럼 얼른 가르쳐 주세요!! 하마터면 내 마음대로 상상할 뻔했잖아요. 음정 지키는 게 제일 중요하다고 생각해서 여기 왔는데.

하느님   아까 자네는 직원에게 쓰지 않은 음료를 달라고 했지? 그럼 저 직원은 자네 주문을 머릿속에서 마음대로 바꿔 생각할 게야. '쓴 걸 싫어한다 = 단 걸 좋아하는군.' 그래서 지금 자네 눈앞에 메론 소다가 나왔다 이거야.

미쓰로   그래서요?

하느님   믿으면 현실이 돼. 이 우주 시스템에서는 상상하면 그대로 우주로 나간다. 즉, 상상한 대로 주문이 나가는 셈이지. **그러면 '쓰지 않은 음료 주세요'가 아니라 '단 음료 주세요'라고 말해야** 하지 않을까?

미쓰로   '쓰지 않은 음료'나 '단 음료'나 그게 그거구만. 뭐가 다른지 전혀 모르겠는데요?!

하느님   참, 그렇지. 자네 바보였지. 뭐가 다른지 알 턱이 있나. 그럼 원숭이 IQ 미쓰로 씨, **보라색 바나나를 생각하지 마시오, 바로 지금.**

미쓰로   보라색 바나나를 생각하지 말라고요? 그럼 귤을 생각하면 되나요?

하느님	아니야! 그리고 실험 시간은 끝났네.
	보라색 바나나만은 생각하지 말라고 하면 사람은 '보라색 바나나'를 생각하게 되어 있어. 자네 방금 뭘 상상했지?
미쓰로	실컷 상상했죠, 뭐. 보라색의 괴상망측한 바나나를 요. 이런, 상상하지 말라고 했는데 상상하고 말았네.
하느님	**자네가 진정 바란 건 노란 바나나지?** 노란 바나나가 먹고 싶으면 노란 바나나를 상상해야 할 것 아닌가! 그런데도 인간은 보라색 바나나는 싫어, 보라색이 아 닌 바나나가 좋다고 말하며 늘 '보라색 바나나'를 상 상하고 있어. 상상만이 우주에 주문하는 방식이라고 내가 일렀을 텐데? 자네가 먹고 싶은 건 뭐라고?
미쓰로	노란 바나나입니다.
하느님	그럼 '보라색 바나나는 싫다'가 아니라 '노란 바나나 가 좋다!'고 말하도록. 이제까지 인간이라는 원숭이 들은 **노란 바나나를 원하는데도 '보라색 바나나'를 상상하고 그걸 주문해 왔다고.**
미쓰로	글쎄, 주문한 적 없거든요. 애당초 당신이 말하기 전 까지 보라색 바나나 따윈 단 한 번도 생각한 적 없다 고요!
하느님	아직도 이해를 못했군. 아까 자넨 '쓴 건 싫다'고 했

지? 인간은 '싫다'고 한 부분을 상상하지 못한다고 그러니까 '쓴 음료는 싫다'고 말하는 동안 '쓴 음료'만 계속 상상하고 있네. '단 음료'를 원하면서 끊임없이 '쓴 음료'를 주문해 온 셈이지. 우주는 부정어를 이해하지 못하니까 말이야.

미쓰로 우주가 바보일 뿐이잖아요. 조금만 생각을 해보라고요! 내가 '쓰지 않은 것'이라고 했죠? 이 가게 알바생조차 '쓴 음료의 반대니까, 단 음료를 원하는군' 하고 잘만 이해하던데. 눈치 없는 바보 우주 시스템 따위 만들어 가지고….

하느님 열받는군. 그럼 다음부터는 '쓰지 않은 것'이라고 말하면 '매운 것'을 가져다주겠네. 내가 눈치껏 판단해서 말이지.

미쓰로 아니, 그건 곤란한데요. 메론 소다를 주문했는데 타바스코 병이 나오면 한 대 때려 줄 거예요. 상대가 누구든.

하느님 **우주는 부정어를 이해할 수 없어. 자네들 인간의 '부정어'를 그대로 받아들인다고.** 우주가 어떤 사람에게 당신의 소원은 무엇이냐고 묻자 그 사람은 이렇게 대답했네. "전 가난이 싫습니다. 어렵게 생활하고 싶지 않아요. 월세 청구서에 벌벌 떨며 살기 싫습니다." 이렇게 얘기하는 동안 이 사람은 주욱 '가난에 대해' 생각하고 있단 말일세. **상상한 일이 이루어지는 이 우주에서 계속 '가난'을 상상하고 있다고.** 대체 뭐하는 짓인지, 원.

미쓰로 굉장한걸! 완전히 이해했어요. 소원이 무엇이냐는 질문에 자신이 싫어하는 걸 계속 말하다니, 이 사람 바보 아니에요?!

하느님 그러니까 이 사람이 자네라고.
① 전에 내가 말했듯이 **'현실'과 다른 걸 상상할 수 있는 힘이야말로 인간이 지닌 기적의 능력이야.**
② 그렇다면 자신의 바람을 상상하면 소원이 이루어진다는 뜻이지.

③ 그런데도 인류는 상상하는 방법조차 모르고 있어. 지금 자넨 ③에 속해 있다네.

'상상'이란 언어를 가볍게 넘을 수 있어. **싫어하는 것을 '싫다'고 생각하지 말고 좋아하는 것을 '좋다'고 생각하란 말일세!**

'불행 따위 질색이다'와 '행복해지고 싶다'이 두 가지 소원이 어떻게 다른지 이제 확실히 이해했지?

미쓰로   완전 이해했습니다! 확실하고 명료히게, 깔끔하게! "나는 불행해지고 싶지 않다."고 말하는 동안에는 불행밖에 상상할 수 없다, 이거죠! 그럼 이제부터 **부정어를 쓰지 않고 내가 바라는 방향을 명확하게 전하도록** 하겠습니다.

하느님   옳지, 그리하도록 해. '가난은 싫어, 회사원은 싫어, 이런 생활은 싫으니까 고통에서 빨리 벗어나고 싶어.' 이것이 바로 자네가 이제껏 빌었던 소원이었네. 그러니 그 생활에서 벗어날 수 있을 턱이 없지.

행복해지고 싶다면 **좋아하는 방향을 구체적으로 상상하도록.** 상상하는 동안 자네는 상상하는 일 자체에 계속 기운을 쏟아붓게 될 게야. 기운이 더해지면 언젠가는 현실로 이루어지는 법이지. 가난이 싫다 말하지 말고 그저 부자가 된 자신을 상상하게. 부정어

를 쓰지 않고도 상상할 수 있게 된다면 꿈도 이루어
질 테니.

〈연습하기〉

인간은 입 밖으로 낸 말을 그대로 상상하고 맙니다. 따라
서 '싫어하는 일'이 아니라 '좋아하는 일'을 말로 표현해야 합
니다.

'뭔가가 싫다'고 말하는 횟수를 줄이고 '무엇이 좋은지'를 얘
기하는 시간을 늘립시다.

'무엇이 싫은가?'가 아니라
'무엇이 좋은가?'를 말하며
올바른 상상으로 소원을 빌어라.

〈어떤 존재이고 싶은가?〉 확인하기

하느님 그럼 이왕 노래방에 온 거 간단한 [쓰기 활동]이라도 해볼까? 아침부터 죽 자네를 지켜봤네만 처음으로 펜을 쥘 수 있는 여건이 되기도 했고. 노래방에 와서야 펜을 쥐는 직장인이라니 경악할 만하군

미쓰로 공부 반대! 쓰기 귀찮은데. 하지만 빨리 불행한 일상에서 빠져나가려면 해야겠죠?

하느님 **거참, 또 불행이라는 말을 하며 불행을 상상하고 있어. 행복이라는 말을 중얼거리고 행복을 상상하라고** 해도. 구제불능이야. 자, 당장 펜을 쥐게. 대입 시험이 코앞이야!

미쓰로 그러고 보니 대학 입시 이후 처음이네요. 내가 뭔가를 공부하는 건.

하느님 거짓말 말게. 대학 입시 때도 제대로 공부하지 않았

① 싫어하는 일	② 그러면 무엇을 하고 싶은가?	③ 그래서 어떻게 되고 싶은가?	④ 그것이 이루어졌을 때 어떤 느낌이 들까?	⑤ 결국 어떤 존재이고 싶은가?

어! 나는 신이라고 했을 텐데, 뭐든지 알고 있다고.
흐음, 혹시나 해서 그러는데…. 글씨는 쓸 줄 알지?

미쓰로　너무 바보 취급 마세요. 글씨 정도는 쓸 줄 압니다!
이래봬도 회사원이라고요! 참나, 뭐든지 아는 것도
아니네.

하느님　선을 그어서 다섯 영역으로 나누도록.

맨 왼쪽 위 칸에는 '①싫어하는 일'이라고 쓰게.

이건 자신 있지? 늘 하는 생각이니까.

왼쪽에서 두 번째 칸에는 '②그러면 무엇을 하고 싶
은가?'라 적고 세 번째인 가운데 칸에는 '③그래서
어떻게 되고 싶은가?'라고 쓰게.

네 번째 칸에는 '④그것이 이루어졌을 때 어떤 느낌
이 들까?'라고 쓰게.

그리고 마지막으로 '⑤결국 어떤 존재이고 싶은가?'
라고 쓰면 되네.

미쓰로　가로가 길어지네요. A4 용지를 가로로 해야 다 들어
가겠는데요. 자, 다 썼습니다.

하느님　이를테면 자네가 늘 생각하는 '가난이 싫다'는 소원
에 대해 생각해 보자고.

먼저 맨 왼쪽에 '가난'이라고 쓰게. 이게 자네가 늘 상
상하고 주문하고 있는 '소원'이야. '가난이 싫다'고 한

들 '**싫다**'라고 한 부분에 대해서는 아무도 상상할 수 없으니 결국 '**가난**'만을 상상한다는 뜻이 되네.

피고 미쓰로 군. 피고의 소원은 '가난'이 맞습니까?

미쓰로 뭔 소리예요! 판사님, 아닙니다! 저건 어제까지의 바보 미쓰로 씨의 소원입니다. 복권 당첨으로 가난에서 벗어날 겁니다! 이것이 제 진짜 소원입니다.

하느님 그렇지, 바보처럼 싫은 일을 상상하지 말고 '그러면 무엇을 하고 싶은가?' 스스로에게 묻는 습관올 들이노록 하게.

이 습관은 당신의 인생을 크게 바꿀 거라네. 싫은 일을 생각하는 순간 '그러면 무엇을 하고 싶은가?' 묻기만 해도 되니까. 그때 비로소 당신은 바라는 방향에 대해 얘기할 테지. 놀랍게도 여태껏 인간 **자신의 진짜 소원과 180도 반대되는 것을 계속 빌어 왔어.**

미쓰로 처음 만났을 때 '소원을 비는 방법이 서투르다'고 말한 건 이런 뜻이었군요.

'가난이 싫다'고 말하는 바람에 '**가난**'을 늘 상상하고 빌어 왔다니 경악할 만한 바보네요.

'그러면 무엇을 하고 싶은가?' 스스로에게 물으면 바로 진짜 소원이 뭔지 알 수 있군요. 으음, 나는 '복권 당첨'이니 이걸 두 번째 칸에 적으면 되겠죠?

하느님 맞네. 이 질문만 해도 자네들은 어제까지와 전혀 다른 사람이 될 수 있어. 180도 방향을 전환했으니까. 자, 여기까지만 해도 충분하지만 이게 끝이 아니라네. 어떡할 텐가? 더 가르쳐 줄까?

미쓰로 이 시점에서 '이제 그만하겠습니다.' 하는 사람이 있기는 해요? 물론 계속하겠습니다!

하느님 사실 '복권 당첨'도 진정한 소원은 아니야. 그저 '하고 싶은' 일에 불과하지. 미쓰로 군, 자네 복권 매장에서 줄 서기가 취미인가?

미쓰로 그런 악취미를 가진 놈이 어디 있어요?! 복권에 당첨돼서 부자가 되는 게 내 꿈이라고요.

하느님 그러니까 자네 꿈은 '복권 매장에서 줄 서기'가 아니라 '부자가 되는 것'이라는 뜻이지?

미쓰로 당연하죠! **사실 부자만 될 수 있다면 수단이 뭐든 상관없다고요!**
공중에서 1,000억 원이 뿅 나타나는 게 매장에서 줄 서기보다 훨씬 편하기도 하고요.

하느님 그렇지. 두 번째 '그러면 무엇을 하고 싶은가?' 부분은 '행동'에 중점을 두기 십상이지만 사실 진짜 꿈으로 이어진다네.
'복권 매장에서 줄 서기'가 소원이 아니라면 '복권'을

상상한들 전혀 의미가 없다는 말이야.

미쓰로　그럼 복권만 고집해도 안 되겠네요.

하느님　물론이지. 게다가 두 번째 칸에 적는 '행동' 부분은 **그 사람의 좁은 고정관념 안에서 선택될 수밖에 없거든.** 부자가 되는 방법은 본래 수없이 많다네. 그런데 '복권'만 생각하다 보면 가능성이 굉장히 낮아지지 않겠나?

미쓰로　과연! 방법은 많은 편이 좋겠네요. 나도 '복권'만 고집하진 않거든요! 〈하고 싶은 것〉을 통해서 내가 〈되고 싶은 것〉은 '부자'예요.

　　　　좋았어, 이걸 세 번째 칸에 적어야지.

하느님　그래. 방법을 제한하면 이루어질 가능성이 낮아진다네. 자네들이 상상할 수 있는 선택의 수는 굉장히 적으니까 말이야. 그러니 방법은 가리지 말고 자신이 무엇이 되고 싶은지만 상상하도록 하게.

　　　　자, 이제 부자가 된 자신이 어떻게 느낄까 상상해 보게나.

　　　　그리고 그 감정을 네 번째 칸에 적으면 되네. 아무래도 느낌을 글로 옮기기란 영 어려우니 '뭉클'도 좋고 '안락함'도 괜찮다네.

미쓰로　으음, 내가 부자가 된 모습을 상상해 보니… '안락함'이라 적어야겠군. 오, 느낌 좋은데! 바로 이거예요! 이게 내 진짜 소원이라고요! 이 '안락'한 느낌! 더 이상 노력하지 않아도 될 것 같은 이 상태!

하느님   잘했네, **지금 자네는 우주에 제대로 소원을 빌고 있어.** 자신이 되고 싶은 모습을 상상함으로써 태어나서 처음으로 진정한 소망을 빌고 있네. 게다가 자신이 부자가 된 모습을 이미 느끼고 있어. 마치 실현된 세계가 눈앞에 있는 것처럼 말일세!

응? 그런데 미쓰로 군, 자네 부자가 된 적이 있던가?

미쓰로   없어요! 얼마나 되고 싶으면 10년 만에 펜을 잡았겠어요? 지금의 현실을 떠올리게 하지 좀 말아 줄래요? 에이, 진짜로 부자가 된 느낌이었는데!

하느님   경험한 적도 없는 일을 느낄 턱이 없는데. 그런데도 자네는 지금 부자가 된 양 '안락함'을 느꼈어. 이게 무슨 뜻인지 아나?

예전에 경험해 봤던 '감정'이기 때문에 지금 '부자'가 아니어도 느낄 수 있다는 뜻이라네. 일상에서 그런 감정을 느꼈던 순간이 분명 있었을 테니 말일세. 그것을 다섯 번째 칸에 쓰게.

미쓰로   그러고 보니 전에 느껴 본 적이 있네요.

으음, 이 '안락함'은 '행복하구나' 라고 생각했을 때의 감정과 똑같은데요. 예를 들어 '잠든 딸의 얼굴을 봤을 때'라든가, '회사에서 쉬는 시간'이라든가, 맞아요! 똑같은 느낌이에요!

하느님 결론이 나왔군. **자네 꿈은 이미 이루어졌다네! 복권을 거치지 않아도 부자가 되지 않아도 그 느낌을 지금 당장 떠올릴 수 있으니 말일세.** 축하하네. 그럼 안녕.

미쓰로 자, 잠깐! 갑자기 가긴 어딜 가요! 무슨 영문인지 모른 채 혼자 멍하니 서 있는 내가 안 보이냐고요!

하느님 '인락함'이라는 감각이 자네의 꿈이니 벌써 이루어졌지 않은가. 복권 매장 앞에 줄 설 필요가 없듯이 부자가 될 필요도 없어.

아까 이미 맛보았으니까, 안 그런가?

복권이나 돈을 통하지 않고도, 부자의 환경이나 호화 저택이 없어도 금세 자네의 최종적인 꿈까지 도달했지 않은가.

모든 것을 갖추지 않아도 된다네. **왜냐, 전부 고정관념 중에서 고른 선택사항일 뿐**이니까. 돈이 없다고 **해도 바로 지금 다른 방법으로 행복해질 수 있다,** 이 말일세.

미쓰로 그렇군, 아까 '복권 매장에서 줄 서는 악취미'와 마찬가지였어.

'복권'이든 '부자'든 모두 선택 사항일 뿐! 그런 게 없어도 지금 당장 행복해질 수 있구나!

하느님   용케 깨달았군. 노래방에 오길 잘했구먼. 마이크 대신 펜을 쥐길 잘했어. 잘 듣게, 마무리에 들어갈 테니.

① 인간에게는 싫은 일을 생각하는 버릇이 있다네.

② '그러면 무엇을 하고 싶은가?'라고 묻기만 해도 싫은 일 생각하기를 멈추게 되지. 여기까지만 도달해도 멋지게 방향 전환에 성공한 셈이야.

③ 방향을 전환하면 우선 행동에 집중하게 되지. 허나 '복권을 사러 줄 서는 취미 따위 없다'고 자넨 말했어. 즉, 이 '행동 부분'을 계속 상상해 봤자 무의미하다는 얘기야.

④ 그렇다면 '어떻게 되고 싶은가?' 스스로에게 물어야 하네. 자네는 '부자가 되고 싶다'고 했어. 하지만 '부자'도 자네의 진정한 꿈이 아니라 그저 고정관념 중에서 선택한 사항이었어.

⑤ 결국 부자가 되었을 때 느끼는 '안락함'이라는 감정을 맛보는 것이 자네의 꿈이었으니까 말일세.

⑥ 그리고 그 감정은 굳이 부자가 되지 않아도 바로 지금 느낄 수 있지. 느끼는 방법은 일상에도 이미 넘쳐나고 있으니까!

행복에 이유 따위 필요 없네. 지금 바로 자네의 꿈은 이루어진다는 얘기야. 쓸데없는 일을 거치지 않고서 말일세. 오히려 쓸데없는 일을 하지 않은 만큼 더 빨리 도달하겠지.

선(禪)의 세계에서 말하는 **'어떤 존재이고 싶은가?' 의 실천**이기도 하다네.

미쓰로 어떤 존재이고 싶은가? 아하! '존재이다'라는 말은 결국 '이미 나는 그런 존재다'라는 뜻이구나! 그럼 복권이나 돈을 거치지 않아도 지금 당장 행복해질 수 있겠네요! 아니, '질 수 있다'가 아니라 계속 그런 존재로 있으면 되겠군요! 계속 행복한 상태로 존재하는 거죠. 하긴, 이런 감각이 생기는 데 이유 따위 필요 없으니까요.

하느님 맞아. 자네들 인간은 놀랍게도 '아무것도 하지 않고 잘 지내기 위해 뭔가를 하고 있다네.'

이를테면 노후에 '일하지 않으려고' 일을 하지. **'일하지 않을 것'을 목표로 지금 '일하고' 있다니까?** 허나 생각해 보게. 그 꿈은 지금 당장 이룰 수 있어! 아무것도 하지 않으면 되지!

인간은 모두 이런 식이야 '아무것도 하지 않는 안락한 삶'이라는 최종적인 꿈을 이루려고 회사에 다니며 돈을 벌려고 고생하지. **'아무것도 하지 않는 것'이 꿈이라면 지금 당장 아무것도 하지 않으면 될 일**아닌가!

미쓰로 　우와, 지금 내 가슴에 확 꽂혔어요! '아무것도 하지 않는 것'을 목표로 '무언가를 하다'니 바보 중의 바보네요.

하느님 　행복을 느끼는 데 복권은 필요 없다네. 돈도 필요 없어. 아무 이유 없이도 깨닫기만 하면 지금 바로 '그것'을 느낄 수 있다네. 주위에서 말일세.

하지만 이건 궁극적으로 행복한 경지에 도달했을 때의 얘기야. 갑자기 목표를 여기까지 끌어올리지 않아도 된다네. 다시 말해서 으음….

지금은 우선 방향 전환만이라도 배워 두게나.

'그러면 무엇을 하고 싶은가?' 늘 자신에게 묻는 습관을 들이도록 하게.

이것만 해. 어제까지와는 전혀 다른 사람이 될 수 있어. 번쩍 눈이 떠질 게야. 늘 싫어하는 일을 상상하던 자신을 깨닫기만 하면 나머지는 간단하다네. **좋아하는 일을 상상하도록 하게. 싫어하는 일을 상상하는 시간을 줄여서 말이야.**

싫은 일을 상상하는 시간보다 그 시간이 많아졌을 때 당신의 현실은 전부 바뀌어 있을 거라네.

사람은 모두
꿈이 이루어졌을 때의 감정을
이미 경험했다.

〈없다〉가 아니라 〈있다〉를 찾자

> 노래방을 떠난 영업용 차량은 시내 환락가 한가운데를 지나고 있었다. 간밤에는 북적거렸을 그 거리도 낮 시간에는 셔터를 내린 채 고요히 잠들어 있었다.

미쓰로   곰곰이 생각해 보니 **이 착각 싸움에서 난 무지막지하게 불리**한데요. 이미 부자인 사람은 착각도 무지무지 잘하겠죠.

벤츠에 앉아서 '나는 부자다'라고 착각하면 되잖아요? 뭐, 착각이 아니라 완전 현실이지만요!

아무튼 이런 영업용 똥차를 운전하면서 '나는 부자다'라고 착각해야 하다니, 이거 어려워도 너무 어려운데요. 지금 내가 있는 장소며 환경이 너무 불리해요! 핸디캡이 있다고요!

하느님   '환경' 따위 없다네. **지금 믿고 있는 것을 저마다 보고 있을 뿐.**

매 순간 무에서 현실을 창조하는 셈이지. 지금 당장 자네가 '부자다'라고 진정으로 믿는다면 자네는 바로 부자가 될 걸세.

하지만 **잘못된 방식으로 빌었다가 잘못 믿은 적이 너무 많으니** 당장은 무리겠지.

미쓰로, 내가 제대로 착각하는 법을 알려 주지. '**없다'가 아니라 '있다' 찾기 게임이라네.**

미쓰로   '있다'를 찾는다고요?

하느님   자네들은 늘 '부족함'만 보고 있어. 자기 주변에서 '없다'를 찾는 명인들이지.

컵 속에 들어 있는 물은 어떤 이에게는 '많아' 보이지만 어떤 이에게는 '적어' 보이지? 보는 사람이 저마다 제멋대로 착각했기 때문이야. 이것도 마찬가지라네. **자기 주변에서 '부족' 말고 '충족'을 찾아보게.** 관점을 바꾸는 훈련도 된다네.

미쓰로 컵에 있는 물을 보는 사람마다 다르게 느낀다는 건 이해가 가요. 하지만 예를 들어 컵 속에 물이 1cm 밖에 없다면, 백이면 백 전부 '적다'고 말할 텐데요!

하느님 지금 당장 자네를 사막에 데려가 사흘 남짓 떠돌아다녀 목이 바싹 마른 상태로 만들어 줄까? 아마 물이 1cm만 있는 컵을 보고도 '많다'고 말할걸. 자네들은 툭하면 극단적인 얘기를 꺼내는 버릇이 있어.

'모든 소원은 눈앞에서 이루어져 있다'고 우주 유일의 법칙을 가르쳐 주면 어떤 사람은 '그러면 중환자는 병을 원했나요?' 하고 묻지. 자신이 중병을 앓고 있지도 않으면서 말이야. 어째서 극단적인 예를 드는지 아나? **내키지 않기 때문이야. 믿고 싶지 않기 때문이지.** 당신 속에 있는 관념, 즉 에고가 꺼리고 있어. 지금까지의 믿음과 다르게 믿으려는 것을, 현실이 변하려는 것을 말일세.

그렇기에 자네는 '물이 1cm 높이로 들어 있는 컵'을 예로 들었어. 그렇게 어려운 수준부터 시작하지 말고 쉬운 곳에서 먼저 '있다'를 찾아보게.

미쓰로 하긴, 굳이 물 1㎝부터 시작할 필요는 없겠네요. 착각하기 쉬운 것부터 천천히 시작해 보죠. 으음, 뭐가 있을까….

어라? '있다' 찾기가 뭐였죠? 내가 얘기를 제대로 안 들었나?

하느님 좀 듣지! 최소한 성인으로서의 기본적인 예의는 지키라고!!

부족함의 관점에서 '없다' 하지 말고 충족의 관점에서 '있다' 말하라는 얘기일세.

이를테면 대박의 꿈을 안고 늘 '30억 원짜리 복권에 당첨되었으면 좋겠다'고 생각하는 사람은 부족함만 찾아 언제나 '없다'를 보고 있네. '돈이 없다, 돈이 없다, 돈이 없다' 느끼며 살고 있기 때문이야. 부족함을 믿는 이 사람의 현실에는 이 밖에도 많은 '부족함'이 보이기 시작할 테지.

하지만 그 사람이 자신의 저금통장을 보고 **'저금이 1,000만 원이나 있었네.' 생각하게 된다면** 충족의 관점으로 보게 되었다는 얘기라네. 이렇게 관점을 달리해서 '있다, 있다, 있다'고 충족을 여러 차례 느끼게 되면 현실에서도 많은 '충족'이 보이게 될 게야.

알겠나? 이건 일종의 버릇이야. 자네 몸에 밴 쓸데없는 버릇이라고. 늘 '없다'는 교정 안경을 쓰고 현실을 보고 있는 셈이지. 참 안타까운 일이야. '있다'고 보면 얼마든지 있는데 말일세.

미쓰로 뭐, 하긴. 고작 1,000만 원이기는 하지만 '있다'고 생각하면 있는 편이네요. 경차 한 대 정도는 살 수 있겠어요. 하지만 역시 벤츠 정도는 돼야죠.

하느님 또 **부족함의 관점에서 보고 있구먼.** '있다'를 찾기 시작한 지 고작 24초 만에 '없다'를 찾았어.

어찌나 실력이 출중한지 말도 안 나오는구만.

미쓰로 쳇. 비꼬는 강도가 점점 세지고 있는데. 흐음, 뭐가 있을까. 일상에서 '있다'고 할 만한 게….

오후에 자유롭게 드라이브할 시간이 '있다', 외근을 구실로 농땡이칠 수 있는 멋진 직장이 '있다', 영업용 차량이긴 하지만 쾌적한 냉방 시스템이 '있다', 가고 싶을 때마다 원하는 장소에 갈 수 있는 건강한 육체가 '있다', 비록 아파트지만 도심 알짜배기 땅에 내 집이 '있다', 집 근처에 아들이 행복하게 다닐 수 있는 학교가 '있다', 가족이 '있다,' 동료가 '있다', 행복에 젖어 '있다', 있다, 있다….

어쩐지 눈물이 나네요!!

하느님 그것 보게. 가까이에 '행복'이 얼마든지 있잖은가. 누구든 어떤 환경에 처해 있든 반드시 찾을 수 있어! **지금 '행복'하지 않다면 그 사람이 '행복'을 찾지 못한 것뿐**이네.

'행복'을 찾도록 해. 이미 주위에 있는 행복을 말일세. **저 멀리에서 찾으면 부족함만 보여. 허나 가까이에서 찾으면 충족이 보인다네.** 이것이 하나뿐인 원리일세. 중국의 노자도 '만족할 줄 알아야 한다'고 했어. 다시 말해 경계선을 정하는 사람은 바로 당신이란 얘기지.

미쓰로 경계선이라뇨? 충족과 부족을 가르는 경계선 말인가요?

하느님 그렇다네. 어느 선까지 가지면 '충분'하다고 말할 수 있을까? 5,000만 원? 아니면 3,000억 원? 사실 끝은 '없다'네.

부자는 오늘도 더 많은 돈을 좇아 살고 있어. 그러니 **'이미 충분하다'고 말할 수 있는 사람부터 먼저 이 게임을 끝낼 수 있다네.** 수의 세계에서 승자가 있다고 한다면 게임을 끝낸 사람뿐일 게야. '만족할 줄 알도록' 하게. 경계선을 그을 수 있는 사람은 언제나 본인인 '당신'뿐이거든. 그리고 신기하게도 부족함을 느끼지 않게 되면 현실에 '있다'가 자꾸만 나타나지. 당신이 충족을 믿고 있으니 말일세.

미쓰로 왠지 의욕이 샘솟는데요! 난 오늘까지, 아니지, 오늘 오후 1시 30분까지 '없다'를 찾는 교정 안경을 쓰고 있었군요!!

무엇을 찾아도 되는 자유로운 이 우주에서 웬일인지 제멋대로 '없다'를 찾으며 '부족함'을 느끼고 있었어요.

그리고 **그동안 느꼈던 '부족함'의 수만큼 현실은 '부족함'을 비추고 심지어 '부족함'이 보이기 쉬운 환경이 되다**니, 불쌍한 어제까지의 사토 미쓰로. 아, 다시 무한 반복인가….

하지만 아까 '있다'를 찾는 5분 동안 내 주변에는 '충족'이 가득했어요. 이쪽을 찾는 습관만 붙이면 되겠군요!

하느님 그렇지. 이건 훈련이야. 이렇게 해서 '있다'를 찾는 습관이 붙기만 하면 눈 깜짝할 새에 현실이 바뀐다네. 왜냐하면 몇 번이고 '충족'을 느끼다 보면 **심층의식조차 '충족'을 믿게 되거든.**

인간은 이제까지 딱 정반대로 하고 있었던 셈이야.

늘 '부족함'을 찾았지. 99%의 행복에 둘러싸여 있으면서도 딱 1%의 불행만 잘도 찾아내는구먼, 하고 감탄하고 있던 참이야. '불행'을 탐지하는 코 하나는 경찰견보다 한 수 위일걸.

미쓰로 왈! 멍멍! 깨갱….

하느님 뭐하는 겐가?

미쓰로 아무것도 아닙니다 멍멍.

하느님 자, 행복을 찾아보게. 찾기 시작하면 금세 보인다네. 내 장담하지. 찾는다는 행위는 '찾고 싶다'는 당신의 소망을 의미하니까 이루어지게 되어 있어. 가까이에서 행복만 잔뜩 찾게 될 게야.

이렇게 해서 당신은 순식간에 행복해질 수 있다네. 사실 '행복해졌다'가 아니라 '깨달았다'에 가깝지.

왜냐하면 **행복한 사람이 있는 게 아니라 '행복하다'고 생각한 사람이 있을 뿐**이거든. **부자가 있는 게 아니라 '부자다'라고 생각한 사람이 있을 뿐**이란 말일세.

원리는 정말 이것뿐이라네.

미쓰로 오! 또 나왔네요! 주옥같은 문장이!

'행복한 사람이 있는 게 아니다. 행복하다고 생각한 사람이 있을 뿐이다.'

멋있어요!!

〈연습하기〉

당신 주위에서 혹은 환경 속에서 '없다'가 아닌 '있다'를 잔
뜩 찾아서 적어 봅시다.

있다 없다 탐험대 게임

| 있는 것 | 없는 것 |

99%의 행복이 주위에 있는데
어째서 1%의 불행만을 찾느냐?

당신이 상상했던 천국은 사실 지옥!

> 환락가를 지난 미쓰로의 영업용 차량은 시내의 도넛 가게의 주차장에 정차해 있었다.

하느님　거래처에 선물 주려고?

미쓰로　네, 맞아요. 한 눈치 하시네요. 그런데 오늘은 거래처를 더 돌지 않을 수도 있어서 가족에게 줄 선물을 살까 싶어요.

하느님　엥? 무슨 소리인가?

　　　　　공원에서 자고 노래방에 가서 노래하고 드라이브하고, 이젠 도넛을 사서 돌아간다니…. 도대체 무슨 일이 그런가?

미쓰로　좋은 일이죠. 충족이 가득하도다. 아, 행복하다, 행복해. 어라? 고쿠토가 좋아하는 초콜릿 도넛은 품절이네. 어? 자라메 짱이 좋아하는 딸기 도넛도 없잖아. 이 팥앙금 도넛은 대체 누가 먹는다고 갖다 놓은 거야! 이딴것만 무진장 남아 있네. 이 가게, '부족'한 것 투성이잖아.

하느님 이 세상에선 부족함도 중요하다네. **'없기' 때문에 '있다'고 생각할 수 있으니까.** '부족'하다는 욕망을 느끼기 때문에 자네들은 '충족'이라는 희망을 좇아 앞으로 나아갈 수 있는 게야. 부족함이 없으면 큰일 난다고.

미쓰로 부족함 따위 필요 없잖아요?

모두가 행복하게 사는 편이 좋을 게 뻔하거든요!! 지금은 말이죠, 도넛 속에 팥을 넣자고 생각한 놈이 미울 뿐이라고요.

하느님 부족함이 없는 세계 따위 재미없을걸. 본래 **소원이란 부족함을 의미**한다네. 부족함이 없으면 소원이 생길 턱이 없으니까. 모든 것이 충족된 세계에 가고 싶은가?

미쓰로 그럼요. 모든 인류가 그런 천국의 경지를 추구하고 있다니까요. 오랫동안 꿈꿨던 더없이 행복한 공간 말이에요.

오른손에는 트로피칼 주스를 들고 왼손으로 샴 고

양이를 안고 오른발은 자쿠지 욕조에 담근 채 왼발로는 체스를 두는 거예요. 아, **뭐든지 다 '있는'** 휴양지여.

하느님   그 자세, 영 불편해 보이는데. 아무튼 '모든 욕망이 충족된 공간'을 말하고 싶은 게지? 미쓰로, 자네에게 지금 '벤츠를 갖고 싶다'는 욕구가 생겼다고 하세. 하지만 벤츠를 사기는 쉽지 않지. 그럴 때 어떤 생각이 드나?

미쓰로   쇼윈도 너머로 벤츠를 구경하며 손가락을 물고 슬퍼할 테지요. 아니면 내 차 앞을 지나치는 벤츠에 대고 'Fu** you'라고 말하며 조폭이 아니길 빌든가요.

하느님   좋아. 그럼 우주 시스템을 바꿔서 욕구가 생기는 순간 그 욕구가 이루어지는 세계로 만들어 주겠네. 벤츠가 갖고 싶다고 생각한 지 1시간 후에 벤츠가 공짜로 집 앞에 도착할 게야. 어쩔 텐가? 그런 세계에 가 보고 싶은가?

미쓰로   두말하면 잔소리죠! 자, 얼른 이 구닥다리 우주 시스템 좀 바꿔 주시죠! 욕심을 더 내도 된다면 1시간씩이나 기다리기는 싫은데요. '벤츠가 갖고 싶다'고 생각한 순간 벤츠가 도착하는 세계가 좋겠습니다!

하느님   호오, 과연. 주인님에게 단 1초도 '부족함'을 느끼

170

게 하지 않는 세계가 되겠군. 그럼 이렇게 하지. 자네가 '벤츠가 갖고 싶다'고 생각하기도 전에 벤츠가 자네 집에 도착하는 세계로 만들어 주겠네.

미쓰로 우와! 최고예요! 1초는커녕 한순간도 부족함을 못 느끼겠네요? 아침에 일어나 보니 웬일인지 벤츠가 마당에 세워져 있는 거죠.

난 그 벤츠를 오른손으로 매만지며 말하겠죠. '어라, 왜 이런 곳에 벤츠가 있지?' 하고요.

응? 잠깐만요, 하느님. 욕구가 생기기 전에 도착한다는 건 '벤츠를 갖고 싶다'고 생각도 안 했다는 얘기 아니에요? 그럼 **무지 거치적거릴 텐데요? 갖고 싶지도 않은데 느닷없이 마당에 나타난 이 검은색 철 덩어리** 말이에요.

하느님 거치적거리면 '없어져라' 빌면 되지. 모든 소원이 순식간에 이루어지는 진화된 세계니까.

미쓰로 참, 그렇군요.

'이 거치적거리는 철 덩어리를 마당에서 없애 주세요.' 이렇게 소원을 빌면 되겠군요. 뭐야, 깜짝 놀랐네.

하느님 참, 미쓰로. 자네, 그새 잊어버렸군. 이곳은 욕구가 생기기도 전에 이미 소원을 이루어 주는 세계라네.

주인님에게 단 1초도 불쾌한 생각을 못하게 하는 진화된 세계라고. 자네 마당에 거치적거리는 철 덩어리가 단 1초라도 있다면 자네는 불쾌할 테지? 불쾌감을 줄 수는 없지! 단 한순간도 어림없어!

자네한테 '마당에서 철 덩어리를 없애 주세요' 라는 소원이 생기기도 전에 소원은 이미 이루어져서 처음부터 깨끗한 마당이 거기에 '있을' 걸세.

미쓰로 네? 그렇다면 애당초 벤츠가 나타난 건은 아예 처음부터 '없던' 일이 된다는 뜻인가요?

하느님 그렇지. 그뿐만이 아닐세. 뭐든지 소원을 빌기 전에 이루어지는 세계라고 했지? 예전 같으면 거실로 돌아와서 처리했어야 할 설거지도 '누군가가 설거지 좀 해 줬으면' 하고 바라기도 전에 이미 해결될 걸세. 씻을 그릇조차 '없다' 는 얘기지.

그리고 '돈이 필요한데' 라고 생각하기 전에 지갑에 1,000만 원을 넣어 주겠네. '지갑이 무겁다'고 생각하기 전에 지갑을 통째로 없애 주지.

'스테이크가 먹고 싶다'고 하기도 전에 배를 채워 주겠어.

'고급 와인을 마시고 싶다' 고 주인님인 자네가 바라기도 전에 목을 축여 주겠네.

아무 부족함도 불쾌함도 불편도 자네에게는 한순간도 주지 않겠다 이 말이야.

미쓰로 자, 잠깐만요!

왠지 그 세계는 전혀 재미없을 것 같은데요.

'배고파', '목말라' 이런 생각도 들지 않는다는 얘기잖아요. 아니지, 애초에 목마를 일이 없으니 '목말라, 뭔가 마시고 싶어'라는 소원이 생각날 일도 '없다' ….

꿈도 희망도 없는 그런 세계가 뭐가 재미있어요?

하느님 자네가 바란 일 아닌가.

\\ 부족함이 소원을 낳는다!! //

부족함
① 배고파서
② 목말라서
③ 가난해서

↓

소원
① '스테이크를 먹고 싶다'는 생각이 든다
② '콜라를 마시고 싶다'는 생각이 든다
③ '부자가 되고 싶다'는 생각이 든다

미쓰로 앗! 혹시 소원이 너무 많이 이루어지는 세계는 무지 무지 지루한 세계 아닌가요?

소원은 이루어지지 않아서 재미있고, 이루어지지 않은 소원이 있기에 더 기뻐할 수 있는 건가요?

하느님 그렇다네. 모든 것이 충족된 세계에는 욕망조차 생기지 않지. 결국 당신들이 꿈꾸고 있는 세계란 굉장히 지루한 세계라네. '부족함'이 '있는' 이 세상과 뭐든지 충만해 있는 '충족'의 저 세상, 대체 인간은 어느 쪽을 천국이라 부르고 싶어할까? 미쓰로, 이 세계에 부족함이 있다는 사실에 감사하도록 해. 인생을 즐기려면 부족함은 반드시 필요하니까.

〈연습하기〉

소원이 생기기도 전에 소원이 이루어지는 세계가 정말로 있다고 상상해 봅시다.

배고프지도 않고 목마르지도 않으며 연인과 만나고 싶다는 생각도 들지 않는 세계 말입니다. 그 세계는 과연 즐거운 곳일까요?

즐겁지 않은 곳이라 생각한다면 눈앞의 현실에 있는 '부족함'에 감사합시다. 그 부족함이 없는 한 당신은 인생을 즐길 수 없을 테니까요.

이루어지지 않은 꿈이 있기에
인생은 즐겁다.

〈망설인다면 사실 어느 쪽이든 상관없기 때문이다〉 법칙?!

> 아케이드 가장자리에 있는 할머니네 채소가게에서 가지와 오이, 호박을 산 미쓰로는 주차장에 세워 둔 영업용 차량에 올라타고는 내비게이션을 켰다.

미쓰로   어딜 먼저 갈까. 으음, 지금 36호 국도 근처니까….

하느님   뭘 그리 망설이나? 제일 가까운 거래처부터 돌면 될 일을.

미쓰로   거래처요? 이제 볼일 없는데요. 가만 생각해 보니까 아직 점심도 안 먹었지 뭐예요. 그래서 어디서 먹을까 고민 중이에요. 라멘으로 할까, 아니면 카레로 할까. 그냥 양쪽 다 갈까 보다.

하느님   양쪽 다 가지 마! 거래처에 가라고. 배가 아주 불룩하니 사흘 정도 굶어도 안 죽겠구만. 일이나 하게!

미쓰로 (못 들은 척) 역시 카레가 좋겠어. 아니, 라멘으로 할까?

하느님 이봐, 오후 3시에 카레를 먹을지 라멘을 먹을지 10분 동안이나 고민하는 직장인은 일본에서 자네뿐일 걸세. 사치스러운 녀석 같으니.

미쓰로 사치라뇨? 나 완전 검소한 사람이라고요! 스테이크냐 닭새우냐가 아니라 라멘이냐 카레냐 망설이는 건데요?

하느님 그런 말이 아니야!
망설이는 행동 자체가 사치라는 말일세. 나는 이것을 '망설일 수 있는 사치'라 부른다네.
미쓰로, 잘 생각해 보라고. 자네는 지금 왜 망설이고 있을까?

미쓰로 둘 다 버리기 아까우니까 그렇죠. 향긋한 풍미와 걸쭉한 국물이란.

하느님 그럴 테지. 망설인다는 건 사실 어느 쪽이든 상관 없기 때문일세. 그렇다면 '라멘'과 '거래처' 둘 중 하나를 골라야 한다면 어느 쪽으로 하겠나?

미쓰로 당연히 라멘이죠! 어째서 내가 굶주린 채로 영업을 돌아야 되는데요! 전쟁통도 아니고, 무슨 의무라도 돼요?

하느님 직장인의 의무야! 방금 자네는 망설임 없이 '라멘'이 라고 대답했네. 왜냐, 거래처에는 절대로 가기 싫으니 까. 거래처에 가야 하는 상황이 된다면 곤란하겠지. 즉, 망설일 때란 어느 쪽이 답이 되어도 곤란하지 않 는 경우라네. 무슨 말인지 알겠나?

자네들은 '곤란하지 않는 일'로 곤란해 하고 있어. 정 말 알 수 없는 생물이야.

미쓰로 왠지 나의 바보스러움이 부각될 것만 같은 예감이 드는데요.

하느님 인간은 고민하지. 그런데 인간이 실제로 고민할 때 깨닫지 못하는 것이 있다네.

'고민하고 있다'는 얘기는 사실 '어느 쪽이든 상관없 기' 때문이라는 것 말이야.

고민하는 동안 괴로울 테지? 허면 즉각 '고민'을 그 만두면 돼. 왜냐하면 어느 쪽이든 상관없거든. 고민 을 멈추면 괴로움도 바로 사라질 게야.

미쓰로 하긴 그렇군요! 고민하고 있는 이유는 '어느 쪽이든 상관없기 때문'이니까요!!

하지만 고민하고 있을 때에는 그 사실이 보이지 않아 요. 그리고 계속 고민하며 고통스러워하고 있죠. 이 젠 고통을 즐기는 마조히스트로밖에 안 보이네요.

하느님 아닌 게 아니라 **자네들 인간은 정말로 고통을 즐긴다**네.

미쓰로 네? 그럼 바보에다 마조히스트라는 건가…. 그럼 차라리 이 생물의 이름을 '인간'에서 '바보마조' 라는 이름으로 바꾸죠. 생각할수록 진짜 바보 같네요.

그렇잖아요. 고민을 그만하면 바로 고통이 사라지는데 계속 고민하질 않나, 심지어 망설이는 이유도 '답이 어느 쪽이든 상관없기 때문'이고….

내가 이렇게 멍청했다니 울고 싶어져요. 어쨌거나 이번 가르침도 굉장해요!!

'**고민한다면 사실 어느 쪽이든 상관없기 때문이다' 법칙이라고 부릅시다.** 이 이름으로 결정!! 이 멋진 가르침도 거래처에 전파해야겠네요!

고민하는 모든 인류에게 말해 주고 싶어요! '**어느 쪽이든 상관없으니까 고민하는 거랍니다. 바보 아닙니까?**' 하고요. 하지만 심각한 고민을 하는 사람은 버럭하겠죠?

하느님 심각한 고민? 심각한 고민이 뭐지? **고민에 깊이 따위는 없다네.** 어떤 경우든 원리는 똑같아. 고민을 하는 동안 정작 본인은 '대답은 어느 쪽이든 상관없다'고 생각하고 있지. 이를테면 '돈을 빌리러 사채업차에 갈까' 혹은 '개인파산을 신청할까'를 고민하는 사람이 있다고 하세. 결국 어느 쪽이든 상관없으니 고민하고 있는 경우라네. 생각해 보게나, 사채가 좋다면 망설이지 않고 그쪽을 선택할 것 아닌가. 그러니까 고민이 고통스럽다면 답은 간단하네. 고민을 일단 멈추게. 그게 맨 먼저 할 일이야.

미쓰로　그럼 이건요? 고민의 깊이는 상관없을지 몰라도 달리 선택할 구체적인 대안이 없는 경우는 어떡해야 하죠? 그 왜 '막연한 고민' 같은 거 있잖아요. 예를 들어 '내일부터 어떻게 살아가지?' 이런 고민이요.

하느님　선택할 대안이 없는 고민 따위 결코 없다네! 고민이란 선택의 문제니까. 선택할 대안도 없는 곳에 고민이 발생할 턱이 없지!

외길 앞에 멈춰 서서 "어느 쪽으로 갈까?" 말하는 사람이 있다면 어떡할 텐가?

미쓰로　"앞에 놓인 길은 하나뿐인데요, 노안이라 잘 안 보이시나 봐요?" 하고 친절하게 물어 보겠죠.

하느님　그렇지. **한 가지 대안만 앞에 두고 고민하는 인간 따위 하나도 없어.** 고민이란 선택의 문제니까. '내일부터 어떻게 살아가지?' 같은 막연한 고민에도 선택할 대안이 있다네.

대안 A '내일부터도 내 힘으로 어떻게든 할 수 있어.'

대안 B '내일부터는 내 힘으로는 어떻게 할 수도 없겠어.'

이 두 가지 대안 사이에서 망설이고 있어.

미쓰로 　대안 B '내 힘으로는 어떻게 할 수도 없겠어' 따위 선택할 리가 없잖아요. 그게 어떻게 대안이에요?

하느님 　그럼 A를 고르겠지. '내 힘으로 어떻게든 할 수 있어!' 하고 말일세. 그럼 고민하지 않고 즉시 행동으로 옮길 게야. '내일부터도 내 힘으로 어떻게든 할 수 있어!' 본인이 생각한 대로일세.

하지만 고민하고 있다면서? 그 말인즉슨 '(A)어떻게든 할 수 있어'가 될 수도 있고 '(B)어떻게 할 수도 없겠다'가 될 수도 있다며 두 가지 대안 사이에서 고민하고 있다는 얘기지.

'고민한다면 사실 어느 쪽이든 상관없기 때문이다' 법칙. 그 사람은 '내 힘으로 어떻게 할 수 있어'도 상관있고 '내 힘으로 어떻게 할 수도 없게' 되어도 상관없다고 생각하고 있어.

그렇다면 고민이 무슨 소용인가. **우선은 고민을 그만 하면 될 일이지.**

미쓰로 | 과, 굉장해요! 심각한 고민은 물론 막연한 고민도 해결할 수 있다니! 이걸로 뭐든지 해결할 수 있겠네요. 고민스러울 땐 우선 **고민 자체를 그만해라.**

하느님 | 바로 그걸세. 그게 바로 고민이 가진 마법의 힘이라네. '어느 쪽이든 상관없다'는 생각 때문에 고민에 **빠졌**을 텐데, 정작 고민하는 본인은 **웬일인지 '어느 쪽이든 결정해야 한다'**는 의무감으로 괴로워하고 있어. 그럴 리가 있겠나.

고민에 빠진 시점에서 이미 어느 쪽이든 상관없게 되

었거든. 그렇다면 해결책은 하나뿐일세. **고민에 빠졌다면 어쨌든 간에 고민을 즉시 그만하게. 고민하는 순간 그 고민을 멈추게.** '고민'의 마법이 인간을 고민에서 빠져나가지 못하게 하기 전에 말이야.

걱정 말게. 어차피 당신은 '어느 쪽이든 상관없다'고 생각하고 있으니 **필요한 건 용기뿐**이라네.

미쓰로   멋있다! 명언이 또 나왔네요! 용기를 내서 고민하는 일 자체를 그만해라. 고민 따위 시간 낭비다!

하느님   그야말로 시간 낭비야.

자네가 비행기에 탔더니 '고객 여러분, 죄송합니다. 이 비행기는 1초 후에 벽에 충돌합니다.' 이런 방송이 나왔다고 하세. 그러면 자네는 고민하지 않겠지. 대안은 하나뿐이니까.

허나 '고객 여러분, 이 비행기는 20분 후에 추락할 예정입니다.' 이런 말을 들으면 고민에 빠질 게야. 선택할 대안이 있기 때문이지. 무슨 수가 있지 않을까 싶어서 낙하산을 찾거나 기장을 욕하거나 비상구 쪽으로 달려가겠지. 하지만 결국 어쩔 수가 없는 상황이니 고민하는 시간 자체가 낭비야.

고민에 빠지는 순간 고민하기를 멈추게. 고민을 하건 안 하건 어차피 당신은 행복해질 테니까.

〈연습하기〉

고민할 때 '맨 먼저 할 일은 고민하기를 멈추는 것'이라는 사
실을 떠올리고 용기를 내서 실천해 봅시다.

어느 쪽을 선택하든 상관없기에
당신은 오늘도
고민하고 있다.

인생이라는 드라마의 〈다음 편〉을 기대하라

미쓰로   라멘이건 카레건 상관없기 때문에 지금 고민하는 거
군. 그렇다면 고민해 봤자 시간 낭비네! 고민할 시간
따위 없다고!

그러고 보니 정말로 시간이 없잖아. 벌써 오후 4시
네. 이러다가 아무것도 못하고 퇴근시간을 넘겨 버리
겠어. 좋아, 라멘으로 결정!

> 라멘집으로 들어가니 같은 회사 영업 담당자가 점주에
> 게 영업을 제안하고 있는 참이었다. 미쓰로는 바로 나
> 오려고 했지만 '딸랑딸랑' 문 여는 소리가 울리고 말았
> 다.

하루오   어라? 선배님, 여긴 어쩐 일로 오셨어요? 선배님 담

당 영역은 옆 동네 아닌가요?

미쓰로 (큰일 났다, 땡땡이친 거 들키겠는데….) 에헴! 나야 널 도와주려고 왔지! 마침 가게 앞을 지나는 길이었는데 우리 회사차가 보이더라고. 둘이 같이 영업을 하면 성과도 네 배가 되지 않을까 해서 말이지.

하루오 군, 영업은 덧셈이 아니라 곱셈이 아니던가! 네 능력이 '2' 정도고 내 능력이 '2' 정도라고 하자고. 둘을 더하면 '4'에 불과하지만 곱하면….

으음…. 뭐, 이 경우는 둘 다 '4'가 되겠군.

하루오 아, 점주님. 소개드리겠습니다. 이쪽은 조금 전 제안했던 시스템을 고안한 사토 씨입니다.

미쓰로 안녕하세요, 사토입니다. 뭔가 불편하신 점은 없습니까? 걱정 마세요. 저는 2×2만 빼고 뭐든지 다 알고 있는 남자거든요.

30분 후 뜻밖의 고객 응대를 마치고 후배와 함께 가게를 나온 미쓰로는 심통을 내며 차에 올라탔다.

미쓰로 젠장. 저놈은 왜 라멘집에서 영업하고 난리야. 저 제품은 습도를 조절해서 에너지 소비를 절감해 주는 시스템인데. 박물관이나 도서관 같이 '습도가 생명!'인

고객에게 파는 장치라고. 라멘집은 언제나 습도가 높아서 눅눅하잖아! 게다가 기름 때문에 끈적거리고. 바보야, 바보! 하아, 이럴 줄 알았으면 라멘 말고 카레로 할걸.

하느님　후회라는 게 어떤 상태인지 가르쳐 줄까?

미쓰로　됐어요. 지금 너무 배가 고파서 신경질이 난다고요.

하느님　'후회'를 일본어로 옮기면 '시간 낭비'가 된다네.

미쓰로　당신 말에 꼬투리 잡을 거리가 너무 많아서 살짝 혼란스러운데요.

　　　　'고민'을 설명할 때도 '시간 낭비'라고 했잖아요. 그런데 어째서 '후회'까지 '시간 낭비'가 돼요? 혹시, 뭐든지 '시간 낭비'라 설명하며 때우려고 하는 거 아니에요? 게다가 '후회'는 원래 일본어라고요!!

하느님　인간이 왜 후회하는지 아나?

미쓰로　**다른 대안을 선택했더라면 좋았을 텐데, 싶은 거겠죠?** 나도 아까 카레집에 갔더라면 지금쯤 배 터지게 먹었을 텐데!

하느님　왜 카레 쪽이 더 좋았을 거라 말하지? 카레집에 갔다가 직속 상사와 마주쳤을지도 모르지 않은가. 땡땡이를 들켜서 변명조차 못하고 괴로워했을지도 모르고. 자네는 아까 그 시간에 카레집에 가 보기라도 했나?

2013년 8월 6일 오후 3시 36분의 카레집을 경험한 적이 있냐는 말일세.

미쓰로 있을 리가 없죠. 그 시간에 라멘집에서 영업하고 있었는데요.

하느님 **그러면 어째서 간 적도 없는 곳에 '갔으면 좋았을 텐데' 말할 수가 있지?**

미쓰로 아무튼 간에 틀림없이 그쪽이 나았을 거라고요! 상사가 카레집에 있을 리 없잖아요! 거기가 훨씬 안전했을 거라고요!! 그래서 후회된다 이 말이에요!!

하느님 자네 말을 그대로 돌려주지. 라멘집야말로 '있을 리 없는' 경우 아닌가?

라멘집에서 습도 조절기를 영업하는 녀석이 있을 거라고 가기 전부터 예상하기라도 했나? 그런 상황도 예상하지 못했던 자네가 어째서 카레집이었으면 안전했을 거라 장담할 수 있지? 말이 된다고 생각하나?

미쓰로 하긴. 카레집이 안전했을 거라고 단언은 못하겠네요. 지금은 좌우지간 바보 같은 하루오 때문에 화가 날 뿐이에요. 라멘집에는 습도 조절기를 팔지 말라고!

하느님 후회하는 인간은 모두 '다른 선택을 했으면 좋았을 텐데' 하고 믿는다네. 정말 '제멋대로' 굴고 있어. 그리고 그 사람에게 다른 선택을 경험했냐고 물으면 '아뇨, 하지 않았습니다만 그래도 잘 압니다.' 이렇게 말하지.

자기가 예언자라도 되나? 경험하지도 않고 저쪽이 좋았을 거라고 말하다니, 무섭군!

미쓰로, 잘 듣게. 후회란 환상이라네. **자네들은 선택한 것 말고는 경험할 수 없거든.** 그런데 대체 무슨 수로 현재의 선택이 '나쁘다'고 판단하지? 무슨 논리인지 알 수가 없구만.

미쓰로 흠, 판단할 수는 없겠네요. 눈앞의 일만 경험할 수 있으니까요. 그런데도 **왠지 다른 선택이 좋았을 거라 믿고 있어요.** 내가 전생에 점쟁이였나?

하느님 틀렸어. 자네 전생은 카바(カバ; 하마)야. 뒤집혀서 다시 태어난 덕에 무사히 바카(バカ; 바보)가 된 거지. 축하하네. 자, 하마 군. 잘 들어 보게.

① 인간은 눈앞의 현실 말고는 경험할 수 없어.

② 그런데도 '다른 걸 선택했더라면 좋았을걸' 하며 눈앞의 상황에 대해 불평하기 시작하지.

③ 이런 식으로 후회하고 있다면 당장 후회를 그만하게. 어차피 당신에게는 그것을 판단할 힘이 없으니까.

미쓰로 힘이 없다고요? 힘은 있죠. 이래봬도 전생에 괴력 하
마였으니까요.

하느님 장난하지 말고!! '눈앞의 현실을 판단하는 힘은 인간
에게는 없다'는 말이야! 왜냐, 좋고 나쁘고를 판단하
려면 뭔가 다른 대상과 비교를 해야 하니까. 하지만
사람은 두 가지를 동시에 경험할 수 없는 법이야. 카
레집과 라멘집을 동시에 갈 수는 없다는 얘기지. 즉,
'카레집이 더 좋았을 텐데'라는 후회는 그저 착각일
뿐이라네. 과거 경험에 비추어 멋대로 예측한 것이니
까. 어제의 카레집은 안전했을 수도 있네, 하지만 오
늘 어떨지 자네는 모르지 않은가! 1시간 전에는 안전
했을지언정 지금 카레집이 어떤지는 알 수가 없어!
왜냐하면 자네는 '지금' 라멘집에 있으니까. **자네들에**
게는 눈앞의 현실을 판단하는 힘이 전혀 없다네.

미쓰로 히포포옹!

하느님 뭐?

미쓰로 아, 지금 받은 충격을 하마 말로 표현해 봤습니다. 당
신, 진짜 대단해요! 지당하신 말씀입니다! 우리들이
눈앞의 현실에 대해 좋다, 나쁘다 판단할 수 있을 리
가 없지요! 나는 여기에만 존재하니까요!! 어째서 난
지금까지 눈앞의 현실이 '나쁘다'며 후회할 수 있었

지? 이렇게밖에 표현할 길이 없구먼. 히포포옹!

하느님 하마 군, 다른 관점에서도 설명해 주겠네. 마무리야. '현실'이란 거울에 불과하다고 했지. 당신의 믿음을 비추는 거울일 뿐이야. 그 거울을 보고 이쪽이 '나쁘다'고 말하면 어떻게 될까? 거기엔 주욱 '나쁜 일'만 비칠 거라네. 그건 싫지? 허면 답은 하나뿐이야. 선택한 그 '현실'을 보고 언제나 '좋다'고 말하도록 하게.

선택한 그 '현실'이 좋은지 나쁜지를 어차피 자네들은 판단할 수가 없어. 그저 '좋다'고 말하고 더 좋은 미래를 끌어당기는 수밖에! **'현실'에 힘을 부여할 수 있는 존재는 관측자인 당신이니까.**

미쓰로 그렇군요! 일어난 사건을 보고 '나쁘다'고 판단해 버리면 이미 그 시점에서 '나쁜 일'이 되어 버리는군요. 현실에 의미를 부여하는 건 나니까 모든 얘기는 여기서 끝나 버리고요.

하느님 그렇다네. **그것을 '나쁘다'고 하면 '나쁜 일'로 끝나 버리지. 그 시점에서 게임 오버야.** 하지만 계속 이어질 뒷이야기가 있을 수도 있지 않겠나?

어째서 현시점에서 그것을 '나쁘다'고 판단해 버리지? 자네가 의미를 부여해 버리면 그 시점에서 모두 끝나 버리는데 말이야.

미쓰로   말씀대로입니다! 아까 난 라멘집에 괜히 왔다고 후회
했지요. 이 현실은 '나쁜 일'이라고 내가 멋대로 정
했으니까요. 카레집을 경험하지도 않은 내가 웬일인
지 라멘집은 '나쁘다'고 판단했어요. 어쩌면 이 사건
이 '완전 좋은 일'이 일어날 징조일 수도 있는데 말
이죠! 꼬르륵.

뭐, 완전 좋은 일이라고는 도저히 생각할 수 없을 정
도로 배가 고프지만 최소한 '나쁜 일'은 아닐 테죠.

하느님   한끗 차이야! 완전 좋은 일이라고 믿어 보게! 그러면
기도하는 마음이 된다네. 이 사건이 '좋은 일이었으
면 좋겠다'고 자네가 바라게 되지. 간절히 바라면 틀
림없이 밝은 미래가 열릴 걸세!

오늘은 특별히 **현실을 바꾸는 주문**을 가르쳐 주지.

미쓰로   주문도 알아요?

하느님   내가 누구? 신이라니까? 자, 후회가 생긴 순간 이렇
게 외우게. **'됐어, 이번엔 꼭 잘 될 거야.'** 무엇을 보
건 무엇을 선택하건 이렇게 말하는 걸세! '됐어, 이번
엔 꼭 잘 될 거야.' 하고 말일세.

미쓰로   맥 빠질 정도로 간단한 주문이잖아요. 이것도 '나쁘
다' 판단하면 여기서 끝이니까 그냥 말하는 편이 낫
겠네요. '됐어, 이번엔 꼭 잘 될 거야.' 미래에 판단

을 미룰 수도 있으니까요.

하느님   그렇지. 판단은 멈추고 미래로 보내게.

자네가 계획하지 못할 뿐, 어쩌면 눈앞에서 일어난 그 일은 '좋은 일'의 포석일지도 모르네.

연인에게 차인 사람이 그 사건을 '최악'이라고 판단하면 거기서 끝나지. 하지만 '됐어, 이번엔 꼭 잘 될 거야.' 이렇게 말하면 더 멋진 사람과 만날 수도 있어. 그 사람은 훗날 깨닫겠지. **그때의 이별은 최고였다**고 말일세. 그 이별이 없었더라면 지금 눈앞에 있는 멋진 사람과 결혼할 수 없었을 테니까. 인간들이여, 판단은 미래로 보내게나. 그리하면 미래의 당신은 그게 무엇이든 '그건 좋았다'고 말해 줄 테니. 일단 눈앞에서 일어나는 일을 '나쁘다' 판단하지 말고 뒷이야기를 믿어 보게. '됐어, 이번엔 꼭 잘 될 거야.' 이 주문을 외우기만 해도 멋진 미래로 이어질 게야.

〈연습하기〉

'괴로운 일'이 닥쳤을 때 그것에 대해 '나쁘다'고 판단하지 맙시다. 그리고 판단을 뒤로 미루는 주문을 외워 봅시다.

"됐어, 이번엔 꼭 잘 될 거야!"

당신이 사건에 대해
'나쁘다'고 판단하면
이야기는 거기서
THE END가 된다.

커다란 흐름에 몸을 맡겨라

미쓰로 이런, 벌써 오후 4시 30분이네. 배고프지만 할 수 없지. 포기하자.

하느님 오, 장하구만. 아무렴, 한 끼 정도 걸러도 일할 수 있는 게 사람이지. 시작 시간이 늦은 만큼 오늘은 늦게 끝날지도 모르지만 힘내게.

미쓰로 늦게요? 이제 회사에 돌아갈 건데요. 근무시간은 오후 5시까지니까요.

하느님 뭐? 오늘 내내 아무것도 안 했잖아!
오전 내내 휴게실에서 수다 떨다가 화장실에서 자고, 외근 나와서는 공원에 갔다가 노래방 갔다가 도넛 사서 드라이브하다 돌아가다니. 자네, 제정신인가?

미쓰로 벌써 잊으셨어요? 어머, 서운해라. 라멘집에서 제대로 일했잖아요. 봤, 으, 면, 서.

하느님　'그 사람이 바란 것만 현실이 된다'는 원칙을 넘어서 자네를 죽이고 싶어졌어.

⌐ 영업용 차량을 회사 주차장에 세운 미쓰로는 6층 사무 ⌐
└ 실로 돌아왔다. └

다니야 부장　미쓰로. 잠깐만 내 방에 와 주겠나.

미쓰로　(뭐, 부장실로? 어떡하지, 뭔가 들통났나? 오늘은 많이 놀지도 않아서 별로 걸릴 게 없는데…. 공원, 노래방, 도넛, 라멘이라. 음, 내가 생각해도 너무 많아서 어디서 걸렸는지 도통 모르겠네!)

⌐ 미쓰로가 부장실에 들어가자 그곳에는 라멘집에서 만 ⌐
└ 난 하루오가 있었다. └

미쓰로　이 배신자! 영업도 도와줬는데 선배가 땡땡이쳤다고 고해바쳐? 성질 한번 대단하구만! 이 짐승만도 못한 놈!

다니야 부장　응? 땡땡이라니, 무슨 소리인가? 미쓰로, 수고했어! 이번 분기 들어 가장 큰 수주가 결정됐다네!

하루오　이게 다 사토 선배님 덕분입니다. 사실 그 라멘집은 전국적으로 체인망을 갖춘 곳인데요. "점포 200곳에 대해 일괄 수주 계약을 맺고 싶다."고 연락이 왔습니다.

미쓰로 뭐(그 라멘집, 바보 아니야…)? 에헴, 아, 그 건이요. 그렇죠? 내가 그럴 줄 알았다니까요.

사실 난, 처음부터 다 알고 있었어요. 다 내 계획대로입니다. 부장님, 바로 이런 일을 두고 역발상이라고 하는 겁니다.

부장님 같은 관리직은 항상 도서관이나 미술관 같은 시장만 보이겠지요. 그런데 이런 생각이 들더군요.

'반대로 라멘집은 어떨까?' 하고요. 뭐, 확실히 열기로 푹푹 찌는 라멘집이 습도 조절기를 무엇에 쓸지 아직은 잘 모르겠지만 내가 발상을 전환했다 이겁니다!

다니야 부장님, 지금 바로 버리십시오! 그 고정관념을! 시장은 부장님의 예상을 넘어 머나먼 저 곳까지 넓어졌다고요!

다니야 부장 왜 이렇게 잘난 척 큰소리야? 정치인이라도 돼? 뭐, 아무튼 아주 잘했어! 50억 원짜리 대형 수주라고. 땡땡이 정도는 용서해 주지.

미쓰로 딱 걸렸구먼!

부장실에서 나와 자리에 앉은 미쓰로에게 선배가 말을
걸어 왔다.

히사코 미쓰로, 한 건 했다며! 50억 원짜리 수주는 웬만하
면 따기 어려운데. 라멘집을 공략하다니 대단한데.

미쓰로 완전 우연이라니까요. 사실 땡땡이치고 있었는데 말
이죠.

히사코 그랬어? 땡땡이칠 땐 조심해야지. 오늘 다카타 과장
이 오후 반차였는데 아까 역 앞에서 카레 먹고 있는
모습을 누가 목격했대.

미쓰로 네? 큰일 날 뻔했네! 그 카레집에 가려다 말았거든
요.

그때 근무시간 종료를 알리는 벨이 사무실 전체에 울
렸고 미쓰로는 허둥지둥 차에 올라탔다.

미쓰로 하느님, 멋져요! 감사합니다.

하느님 뭐가? 설마 내가 자네에게 뭔가를 주었다고 생각하
나? 말도 안 돼. 현실은 모두 자네가 바란 대로라네.
그 증거로 자네는 내 뜻과 달리 팔팔하게 살아 있잖아.

미쓰로	라멘집을 나섰을 땐 '카레집에 갈걸' 하고 엄청 후회했어요. 아직 끝나지 않은 뒷이야기가 남아 있을 텐데 그때는 '최악'이라는 생각만 들었거든요. **보통 때 같았으면 거기서 '완전 최악이야!' 하고 현실을 판단하고 모든 걸 끝냈겠죠.**

그런데 당신한테 속는 셈치고 '됐어, 이번엔 꼭 잘될 거야' 라고 말했더니 이런 결과가…!

사, 랑, 해, 요!!

하느님	징그러우니까 그만하게! 난 진심으로 자네 숨통을 끊어 놓고 싶다고!

미쓰로, 현실을 만들어 내는 건 언제나 그걸 보고 있는 본인이라네. 그런데 자네들 인간은 현실을 보고 '나쁘다' 고 판단하지. 아무것도 알 수 없는 처지에 있는데도 '나쁘다' 는 이름을 붙이고 '나쁘다' 는 의미를 부여해. 인생을 엄청 서툴게 살고 있다고. 오늘부터는 **자신을 초월하는 부분에 대해 더 신뢰하는 편이 좋을 걸세.**

미쓰로	나를 초월하는 부분이라뇨?
하느님	'자네가 믿고 있는 것' 이외의 모든 부분 말이야.
미쓰로	네? 그게 가능한 일이에요?
하느님	가능하지. 꽤 어렵긴 할 게야. **'자네가 믿고 있지 않**

는 일'이니 '자네'는 불안하겠지.

이를테면 자네는 아까 카레집을 믿었어. 내가 라멘으로 하라고 여러 번 말했어도 카레집을 믿었을 테지. **인간은 '자신'이 믿는 범위 안에서 선택하고 싶다고 바라는 법이니까.**

미쓰로 　스스로 믿지 않는 일을 선택하면 무지무지 불안해지거든요. '돈'을 믿은 사람은 '돈'이 없을 때 엄청 불안해 하죠. '연인'을 믿은 사람은 '실연'하면 불안함에 울부짖고요. 스스로 믿지 않는 부분을 선택하면 누구나 불안해지는 거 아니에요?

하느님 　그렇겠지. 자신이 믿은 것 이외의 부분을 믿기란 아주 불안한 일이야.

하지만 실제로는 자신이 믿지 않은 라멘집 쪽에서 멋진 미래가 기다리고 있지 않았나?

결국 자신을 초월한 '불안한 부분'에 정답이 있었다는 말일세. 참고로 [믿는 쪽보다 믿고 있지 않은 쪽에 밝은 미래가 있다]는 얘기는 확률론적으로도 증명할 수 있다네.

미쓰로 　수학적으로 그쪽일 확률이 높다는 뜻인가요?

하느님 　그렇다네. 인간에게 보이는 전자기 스펙트럼이 뭔지 아나? 요건 '가시광선'이라고 부르네만.

미쓰로 　잘 알죠. 우리 회사는 태양광 발전도 취급하거든요. 뭐더라. **인간의 눈으로 볼 수 있는 빛은 0.000001%보다 작은 범위이며 그 범위를 '볼 수 있는 빛'이라는** 뜻의 '가시광(可視光)'이라 부른다, 맞죠?

하느님 　실제로는 더 작다네. 인간에게 보이는 건 빛의 0.0000000001%보다 작은 범위야. 인간이 들을 수 있는 소리나 맡을 수 있는 냄새도 마찬가지라네. 돌고래는 자네의 몇 만 배나 소리를 잘 구분해. 개는 자네의 몇 억 배나 냄새를 잘 구분하지. 결국 **인간에게 보이지 않을 뿐, 그곳에는 '빛'이 존재한다네. 인간에게 들리지 않을 뿐, 그곳에는 '소리'가 존재하지. 인간에게 느껴지지 않을 뿐, 그곳에는 '향기'가 존재하고.** 즉, 인간에게는 엄청나게 많은 해결책이 준비되어 있어. 다만 인간이 믿지 못할 뿐.

미쓰로 　바늘구멍보다 작은 곳에서 세계를 보고 있는 느낌인데요. 믿지 못하는 부분에야말로 해결책이 많이 있군요! 그래서 실연한 사람은 모두 행복해지는군요.

하느님 　그렇다네. '현실'이란 오감의 총합이야. 보이는 시각과 들리는 청각, 맛과 냄새, 촉감을 총칭해서 '현실'이라 부르지. **뇌과학적으로도 '현실'이란 이러한 오감에 해당하는 뇌의 전자신호**라는 사실이 규명되었다네. 그

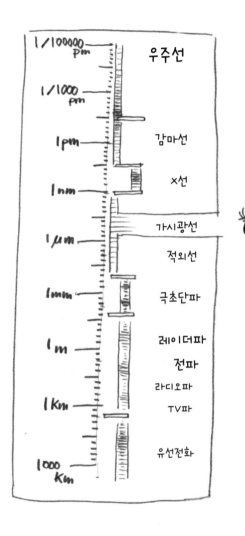

1/100000 pm

1/1000 pm

1pm   감마선

          X선
1nm

          가시광선
1μm
          적외선

          극초단파
1mm

          레이더파
1m   전파
          라디오파
          TV파
1km

1000 km   유선전화

우주선

범위 안에서 뭔가를 믿는다면 계산식은 이렇게 되겠지.

보이다×들리다×냄새가 나다× 맛이 나다×만져지다 = 믿을 수 있는 것, 이것을 계산해 보면 당신이 믿고 있는 부분 = $0.0000001 × 0.0001 × 0.00001 × \cdots$ = $0.000000000000000000000000001\%$보다 훨씬 더 작아진다네!

미쓰로 0이 끝없이 나와서 어이가 없지만, 내가 믿는 부분은 정말 쪼끄맣다는 얘기네요.

뭐, 후배가 세운 공을 가로채는 것부터 통이 작은 남자이긴 하지만. 이런 좁은 범위 안에서 '어떻게 될까?'를 약삭빠르게 계산하고 있었다니…. 아무리 생각해도 내가 **믿지 않은 부분에 확실한 정답이 있네요!**

하느님 그래. 그래서 '자신을 초월하는 부분을 믿으라'고 말한 걸세.

바로 그곳에 해결책이 잔뜩 준비되어 있거든.

하지만 믿지 않은 부분을 가리켜 사람은 '불안'이라 부르며 두려워하고 꺼리고 있어.

자아는 늘 자신이 믿는 범위 안에서 현실을 통제하려는 습성이 있으니까.

이 우주는 작은 자아를 초월해서 모든 것이 이미 완벽하게 통제되고 있는 상태라네.

이렇듯 모든 타이밍이 완벽하게 조화를 이루고 있는 장소에서 무엇인가를 통제하려고 하면 일단 '완벽하지 않은 상태'를 만들어야 한다네.

미쓰로   모든 타이밍이 이미 완벽하다면 일단 '통제하지 못하는 상태'를 만들 필요가 있다!

그렇군, 그냥 편히 흐름에 몸을 맡기는 편이 좋다는 뜻이네요.

자신의 뜻대로 하려고 생각하지 말고 커다란 우주를 믿고서. 왜냐하면 세상만사는 이미 내 뜻대로 되고 있으니까요.

그렇구나!! 강물이 흐르듯이!

하느님   자네가 어디서 흥분하는지 영 타이밍을 모르겠구만. 뭐, 그 타이밍도 모두 우주에서 정해진 대로지!

인간이여, **자신을 초월하는 커다란 흐름을 믿도록 하게.** 현실을 자기 뜻대로 통제하려 들지 말고.

불안을 용기로 잠재우고 '어떻게든 된다'고 믿도록 하게. 정말로 어떻게든 될 테니!

현실을 구축하고 있는 '당신'이 '어떻게든 된다'고 믿고 있다고. 그러니 어떻게든 될 거야! '믿는 소원은 이루어진다'가 유일한 원칙이거든.

'어떻게든 된다'고 믿으면 현실을 통제하려고 할 때 보다 몇 조 배는 빨리 해결될 거라네.

오늘부터 '당신'이 믿지 못하는 부분을 '불안'이라 부르지 말고 믿어 보게. 걱정할 거 없어. 반드시 어떻게든 될 테니!

〈연습하기〉

인간이 믿을 수 있는 부분은 작다는 사실을 이해하고 용기를 내서 '불안'과 맞서 봅시다. 모든 건 반드시 어떻게든 된답니다.

주위에서 일어나는
모든 사건을 신뢰하고
그 흐름에 몸을 맡겨라.

〈여기까지 복습해 보세〉

여기까지 읽어 보니 어떻던가? 여러 가지로 깨달은 게 많지? 당연한 일이야. 왜냐, **이건 오직 '당신'만을 위해 쓴 책**이거든. 그러니 가슴에 와 닿을 수밖에.

자, 그럼 더 잊어버리기 전에 잠시 복습이나 해둘까.

이 세상은 당신 바람대로(가르침 1) 이루어지니 **당신이 믿는 것은 전부 현실이 된다**(가르침 2). 이 우주의 유일한 법칙에 대해 나는 당신에게 일깨워 줬어. 지금 눈에 비치는 모습, 그건 모두 **당신이 '그렇게' 믿었기에 당신에게 '그렇게' 보이는 것뿐**이라네.

이미 과학적으로도 증명되었어. 그러니 혹시 보기 싫은 것이 당신의 '현실'에 보인다면 **당신이 믿고 있는 것을 바꾸면 된다네.** 아주 간단하지.

허나 인간이 '믿음을 바꾸기'란 보통 어려운 일이 아니거든. 내가 인간에게 부여한 **계속 뭔가를 믿게 하는 '관념'이라는 자동 편리기능**(가르침 3)으로 멋대로 뭔가를 강력하게 믿고는 당신 특유의 **'고정관념'**을 만들고 있으니까(가르침 4).

그런데 사실 그건 당신만 멋대로 믿고 있는 관념이야. 그래서 **자기 스스로 알아채기 힘든 '고정관념'**을 확인하기 위해 **'현실'**이란 이름의 거울이 존재한다네(가르침 5).

당신의 반사거울 '현실' 속에서 **감정이 넘쳐흐를 때에는 늘 당신이 멋대로 믿어 버린 '고정관념'**이 그 전제에 있을 터. 그러니 감정이 분출되는 일은 늘 기회다 생각하게. 슬픈 일이든 성나는 일이든 기쁜 일이든 감정이 일어난다 싶으면 모두 기회라네. 그 일이 일어난 덕분에 **제멋대로 믿어 버린 '고정관념'**을 알아챌 수 있으니까(가르침 6).

이렇게 찾은 당신 특유의 '고정관념'을 바꾸고 싶다면 **'믿고 있는 관념'과 반대되는 것을 믿으면 돼.** 용기가 필요한 일이지만 성공하면 +1에 -1이 더해져 관념은 0이 되어 사라진다네 (가르침 7).

이런 식으로 **믿음을 먼저 바꾸면 현실은 금방 바뀌게** 마련인데 오늘까지 당신은 정반대로 접근해 왔어. 거울을 먼저 웃게 하려고(현실을 먼저 바꾸려) 괴로워했으니까(가르침 8).

하지만 이제 안심하게. 오늘부터는 내가 곁에 있으니. 이루고 싶은 소원이 있다면 내가 일러준 대로 '현실'이라는 거울을 보며 **그것과 전혀 관계없는 일을 자유롭게 '상상' 하게. '상상' 이야말로 인간이 지닌 기적의 능력이거든. 이것이 바로 우주에 소원을 비는 유일한 수단**이라네(가르침 9).

물론 상상에도 요령이 있지. **우주에 '부정어'는 통하지 않으**

니 '싫어하는 일' 말고 '좋아하는 일'을 상상하도록 하게(가르침 10). 헌데 당신한테는 예전부터 '싫은 현실에 대해 계속 말하는' 버릇이 있으니 '그럼 어떻게 하고 싶은데?' 하고 늘 자신에게 묻도록 하게. 이 새로운 습관이 몸에 배고 나서야 비로소 싫은 일과 반대편에 있는 '진정한 소원'을 빌 수 있을 테니(가르침 11).

이제 당신은 **인생 최초로 '진정한 소원'을 말한** 셈이네만 여기서 '행복해지고 싶다'고 말하면 일이 이상해진다네. **왜냐하면 행복해지고 싶은 이유는 '행복하지 않다'고 스스로 믿고 있기 때문이야.** 그게 바로 '되고 싶다' 이면에 숨겨진 당신의 본심일세.

이런 일을 방지하려면 '행복해지고 싶다' 하지 말고 이미 '행복한' 근거를 주변에서 찾아야 하지. 없는 것을 멀리서 찾느라 괴로워하지 말고 가까이에 이미 있는 것을 찾는 **'있다 없다 탐험대 게임'**을 떠올려 보게(가르침 12).

찾아보면 '있는 것'도 많고 '없는 것'도 많겠지. 그렇다고 '없는 것'이 나쁘다는 얘기가 아닐세. 왜냐하면 **'부족함'이 없는 한 소원은 생겨나지 않으니까**(가르침 13). 일전에 미쓰로를 데려갔던 '부족함이 없는 세계'는 참 지루한 곳이었지?

부족함은 필요하다네. 문제는 당신이 **계기에 불과한 '부족함'을 보고 거기서 눈을 떼지 못한다**는 데 있어. 이미 완벽한 당신이 부족함을 보고 **'○○가 갖고 싶다'든가 '○○가 되고 싶다'고 더 바라면 그만큼 결핍을 낳게 돼.** 그러니 계기를 가져다 준 부족함이 보였다면 즉시 관점을 반대쪽인 충족으로 바꾸도록 하게. 그러면 고민은 금방 사라질 게야.

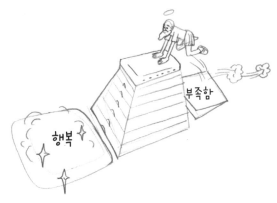

본래 고민이란 선택의 문제라서 **어느 쪽이든 상관없기 때문에 고민한다는 가르침** 기억하지? 어느 쪽으로 가든 OK. **우선 고민하는 일 자체를 멈추게, 그럼 괴로움도 없어질**(가르침 14) 테니까. '답이 어느 쪽이든 상관없으니까 고민한다'니 얼마나 바보 같나. 바보는 미쓰로만으로도 충분하거든. 당신의 고민은 모두 환상이니 오늘부터 고민 자체를 그만하도록 하게.

고민뿐만이 아니야. '후회'도 환상이라네. **분명 한 곳에만 갈 수 있을 텐데** 당신은 '저쪽을 선택하면 좋았을 텐데'라고 마치 예언자처럼 얘기하지(가르침 15).

무섭기 짝이 없어. '저쪽이 좋았을 텐데' 라고? 그럴 리가 없지! 당신은 저쪽을 경험해 본 적도 없으니까. 처음부터 **당신은 늘 최선을 선택해 왔어.** 내가 이끌고 있으니 모든 선택이 정답이라네.

단, [과거·현재·미래 전체가 보이지 않는 곳에 있는 당신]에게는 '나쁜 일'로 보일 수 있어. 허나 **그 나쁜 일조차 미래에 일어날 더 큰 행복의 포석**이니 오늘부터 판단 자체를 하지 말게. 그 뒤에 계속 이어지는 이야기가 있거든.

모든 길은 미래의 '좋은 일'로 이어져 있다네. 내 보증할 테니 일어나는 일은 모두 필요하다고 믿기만 하게. 지금은 아무리 생각해도 도저히 '좋은 일' 같지 않은가? 그렇다면 **판단만 미래로 미루도록 하게.** '됐어, 이번엔 꼭 잘될 거야.' 하고 주문을 외우면서 말이야. 시간이 지나 미래의 당신이 '그때 그 사건은 필요했구나.' 하고 말해 줄 걸세.

이렇게 해서 눈앞의 사건을 '나쁜 일'이라 판단하지 않는 습관이 붙기 시작하면 **'당신에게 일어나는 모든 일의 타이밍은 완벽하다'**는 사실을 깨닫게 된다네(가르침 16).

여기까지 도달하면 정말 순식간에 행복한 미래를 끌어당길 수 있을 걸세.

나한테 답례하고 싶다고? 아주 조금이면 되네.

3교시

························

쉽게 부자가 되는 법

하느님은 돈을 아주 좋아해

> 어느 맑은 날 오후, 당첨 확률이 높기로 유명한 복권
> 판매점 앞에 줄 서 있는 미쓰로에게 하느님이 말했다.

하느님　그나저나 자네는 왜 그렇게 돈 욕심이 많나?

미쓰로　누구를 돈만 아는 장사치처럼 말하지 말아 줄래요?
　　　　뭐, 돈을 좋아하긴 하지만 그냥 남들하고 비슷한 정
　　　　도거든요.

하느님　이미 그것부터 틀려먹었어.
　　　　말로는 '남들만큼 돈이 좋다'면서 '돈이여, 나에게 더
　　　　많이 오라'며 복권을 사고 있지 않은가.
　　　　이러니 당첨될 리가 있나.

미쓰로　어, 뭔가 그럴듯한데. 그럼 어떻게 하면 될까요?

하느님　'남들보다 돈이 좋습니다'하고 솔직하게 선언하게.

미쓰로　예에? 창피하게 그게 뭐예요.

하느님　그럼 지금까지처럼 남들만큼만 돈이 모이겠구만, 남들만큼만 돈이 좋으니까. 안 그런가?

내 분명 말하지만 '돈이 좋다'고 선언하는 건 그리 창피한 일이 아닐세. **난 말이야, 엄청나게 많이 돈을 좋아한다고.**

10만 원을 헌금하는 녀석을 보면 아주 사랑스러워 죽겠다니까!

미쓰로　아이고, 악착스러워라. ……. 도저히 하느님이 하는 말 같지가 않네요.

하느님　옳지, 말 한번 잘했네. 그게 바로 근본적인 원인이야.

① 자네들은 '하느님은 돈을 싫어한다'고 생각하고 있어.

② 다른 한편으로는 하느님에게 '사랑받고 싶다'고도 생각하지.

①과 ②를 더하면 어떻게 될까?

하느님에게 사랑받고 싶으니 '돈을 갖고 싶지 않아!'

이런 결론이 나오지. 자, 일이 복잡해지기 시작했네.

인간은 [돈이 많았으면 좋겠다]라고 말하면서 [돈을 많이 갖고 싶지는 않아]고도 말하고 있다고.

나더러 어쩌라고? 당최 어느 쪽인가?

적어도 돈을 '받아들이고 싶은지' 아니면 '받아들이고 싶지 않은지'라도 정하라 이거야.

미쓰로 흠, 정말 그러네요. 우리가 소원을 비는 방식으로는 '돈을 갖고 싶은지,' '돈 따위 갖고 싶지 않은지' 알 수가 없네요.

하느님 **돈을 갖고 싶다면 돈을 더욱 사랑하도록 하게.** 솔직하게 좋아하란 말이야.

그럼 밋 짱, 오늘은 집에 가서 연습 좀 해볼까? 복권은 다음에 사고 오늘은 이만 가자고! 나를 따르라!

미쓰로 예에? 여태껏 기다렸는데요? 어이구 아까워라.

〈연습하기〉

① 눈을 감고 당신 나름대로 '하느님'을 상상합시다.

② 당신은 하느님 뒤쪽에서 그를 바라보고 있습니다.

③ 천천히 다가가 보니 하느님은 기쁜 얼굴로 뭔가를 세고 있습니다.

④ 조금 더 다가간 당신은 그것이 대량의 지폐뭉치란 사실을 알아챕니다.

⑤ 어림잡아 1억 원은 되어 보이는 지폐뭉치를 하느님이 기쁘다는 듯 세고 있습니다.

⑥ 그때 당신의 상상 속 하느님이 당신에게 이렇게 말합니다.

"돈이란 정말 굉장한 거야. 난 돈을 아주 좋아한다네."

⑦ 당신은 하느님에게 이렇게 말합니다. "다행이에요. 저도 돈을 아주 좋아하거든요."

⑧ 결정적인 존재에게 허락받았다고 느끼며 마음 깊은 곳에서 '안도감'을 온몸으로 퍼뜨립니다.

이 활동은 당신의 기억 깊숙이 박혀 있는 '돈 = 더럽다'는 관념을 없애는 효과가 있습니다.

당신의 도덕관 밑바닥을 지탱하는 존재는 하느님입니다. 그리고 당신의 '관념'이 돈을 받아들이기 싫어하는 가장 큰 이유는 돈을 가지면 하느님에게 벌 받을 거라 생각하기 때문입니다. 하지만 다 지나친 생각입니다.

애당초 '하느님'과 '돈'은 아무 상관도 없습니다. 돈을 받아들이고 싶지 않아 하는 당신의 근본적인 관념을 바꿔 놓읍시다.

돈을 더 갖고 싶다면
돈을 더욱 사랑해라.

왜 저 사람은 쉽게 부자가 되었을까?

집에 돌아온 미쓰로는 돈에 대해 하느님에게 집중 강의를 듣고 있었다.

하느님 자, 미쓰로. 자네는 '돈을 아주 좋아한다'고 선언했지. 이로써 '부자가 되는 건 나쁜 일이 아님'을 받아들이기로 자기 자신에게 허락한 셈이네. 그래도 돈이 뚝 떨어지지 않았어. 이유가 뭐라고 생각하나?

미쓰로 당신한테 속아서? 아니면 효과가 없는 주문이라 그런가요?

하느님 이런 무엄한 놈 같으니. 효과는 있다니까! '돈이 좋다'고 말하며 자네 스스로에게 솔직해졌지 않았나. 적어도 마음속으로는 '돈을 갖고 싶다' 하고 입으로는 '돈을 갖고 싶지 않다'는 말도 안 되는 소원은 빌지 않지. **태어나서 처음으로 소원의 방향이 명확해졌다는 얘기야.** 그러니 이제 '소원이 이루어진다'고 믿는 일만 남았네.

미쓰로 　믿습니다! 하느님, 힘내세요! 유후!

하느님 　자네가 힘내야지. 왜 내가 힘을 내!

미쓰로 　네? 이루어주는 게 당신 일이잖아요? 소원이 인류의 몫이면 들어주는 건 당신 몫이죠! 자 얼른 들어줘요! 드디어 인생 최초로 모순 없는 소원을 빌었으니까요.

하느님 　바라는 것과 이루는 것 모두 자네 일이라네. 자네 소원이 명확해졌는데도 돈다발이 떨어지지 않은 이유는 **'부자 되기는 어렵다'고 생각하고 있기 때문**이야.

미쓰로 　그야 당연하죠. 부자 되기가 쉬우면 모두들 롯폰기(도쿄 미나토(港)구의 번화가. 롯폰기 힐즈(Roppongi Hills)로 유명)에 살걸요.

하느님 　'어렵다'고 느끼건 '쉽다'고 느끼건 자유로운 이 세계에서 인간은 어려서부터 "돈 벌기가 쉬운 줄 알아!" 하는 말을 주위에서 수없이 들으며 자랐어. 순수한 자네들은 그 의견을 곧이곧대로 믿은 채 어른이 되었지.

본래 '돈'과 '고생'은 아무런 관련이 없는데, 하도 자주 들은 탓에 머릿속에서 '돈'과 '고생'을 붙여 버린 게야.

그래서 심층의식 속에서 '돈'을 얻으려면 '고생'이 따라야 한다고 굳게 믿고 있지. 이것이 뿌리 깊은 믿음이 되어 자네 마음 깊은 곳에 고정관념으로 박혀 있다네.

미쓰로 그럼 이 고정관념을 없애려면 어떡해야 되죠?

하느님 다른 사례를 여러 번 보게. 다시 말해 **고정관념과 정반대인 '쉽게 부자가 된' 사례를 자기 나름대로 찾아보는** 게야.

인터넷이나 신문도 좋고 아니면 떠도는 소문도 괜찮다네. 어쨌거나 쉽게 부자가 된 사람의 사례를 모아보게나. 찾아보면 많이 나올 걸세.

부모의 유산을 갑자기 물려받은 여자, 복권에 당첨된 청년, 도로확장 덕분에 정부로부터 듬뿍 보상금을 받은 사람, 좋아하는 일만 하다 보니 별 고생 없이 부자가 된 선술집 사장…… 등등의 이야기를 찾아보게나.

미쓰로 오호라. '어렵다'라는 말을 들은 횟수보다 '쉽다'고 말하는 많은 사례를 찾으라는 거죠? 참고로 내가 자랄 때 '부자 되기는 어렵다'는 말을 몇 번이나 들었던가요?

하느님   10만 번쯤 되지.

미쓰로   너무 많잖아요! 무리예요. '쉽게 부자가 된 사람'을 11만 명이나 찾아야 하다니, 불가능하다고요!

하느님   10만 번은 적은 편이지. 더 듣고 자란 사람도 있네. 하지만 굳이 그 횟수보다 많이 찾을 필요는 없네. 왜냐하면 '부자는 어렵다'는 말만 자주 들었을 뿐, 가난한 사람 10만 명의 실제 사례를 찾아서 눈으로 직접 보며 자란 건 아니지 않나?

미쓰로   과연. 하긴 말로만 들은 얘기보다 실제로 찾아본 사례가 훨씬 강력하겠네요. 즉, 쉽게 부자가 된 사람의 사례를 11만 건이나 찾을 필요는 없다는 말이죠?

하느님   그렇다네. **물론 많을수록 강한 신념이 생기**겠지. 쉽게 부자가 된 사람이 2명 있는 것보다는 3명, 3명보다는 10명인 편이 믿기가 수월해. 그러니 많이 찾아보게. 사실 찾아보는 행위 자체도 '부자 되기가 쉬웠으면 좋겠다'는 당신의 바람이라네. 그러니 더 좋은 순환이 일어날 걸세.

〈연습하기〉

① 쉽게 부자가 된 사람의 사례를 즐겁게 찾아봅시다. 친구에게 물어봐도 좋고 인터넷 검색도 괜찮습니다.

② 하나둘씩 사례를 발견하는 과정에서 '뭐야, 부자가 되는 건 의외로 쉬울지도 몰라' 하고 생각하게 됩니다.

③ 그러면 '부자'와 '어렵다'를 마음대로 붙여 놓은 것은 자신의 관념이었다는 사실을 깨닫게 됩니다.

④ 찾은 사례는 노트에 적어서 틈 날 때마다 읽어봅시다.

부자가 되기란
어렵지 않다.
아니, 쉽다.

진정한 부자는 베풀기 선수

미쓰로   알아보니 의외로 많던데요. 쉽게 부자가 된 사람 말
　　　　이에요. 그럼 내가 마음대로 허들(기준)을 높인 것뿐
　　　　이었군요. 지금 같으면 육상선수 벤 존슨처럼 '부자
　　　　의 허들'을 거뜬하게 뛰어넘을 수 있겠습니다!

하느님   이보게, 미쓰로 군. 자네 잘하면 복권에 당첨되겠어.
　　　　당첨되면 어쩌겠나?

미쓰로   일단은 아무도 모르게 회사를 그만두겠습니다.
　　　　복권 당첨은 모두에게 비밀로 하고요. 그리고 떠날 겁
　　　　니다. 존슨이 나고 자란 나라, 미국으로 호화로운 해
　　　　외여행을! 우후후♪

하느님   좋은데♪ 그럼 자네가 복권에 당첨됨과 동시에 내가
　　　　자네 지인 전원에게 문자를 보내주겠네.
　　　　'해외로 가기 전에 복권 당첨 축하 파티하자. by 미

쓰로'라고 말이야.

미쓰로 거참, 하지 마요. 웬 쓸데없는 참견! 알리긴 왜 알려요. 몰래 조용히 해외로 도망가게 도와줘야죠!

하느님 내 이럴 줄 알았어! 미쓰로 군, 여기서도 자네가 부자가 될 수 없는 고정관념이 나왔다네!!
자네들 인간은 복권에 당첨되면 **아무에게도 알리지 않고 숨기려고 하지.** 왜냐하면 [이런 행복은 자주 오지 않는다]고 믿고 있기 때문일세. [이제 두 번 다시 복권에 당첨되진 않을 거야.] 이렇게 생각하지?

미쓰로 당연하죠! 당첨은 한 번이면 족해요! 내 인생에 이런 행운이 두 번씩이나 일어날 리가 없잖아요!!
모처럼 당첨됐으니 60억을 들고 잽싸게 해외 휴양지로 튈 수 있게 해 줘요.

하느님 이봐, 이봐. 자네 지금 아직 복권에 당첨되지도 않았다고. 그런 자네가 **벌써 '복권에는 웬만하면 당첨되지 않는다'고 말했어.**
복권을 사기도 전에 '당첨되기 어렵다'고 믿고 있다니까? 구입하기도 전에 당첨 자체를 의심하고 있다고. **'의심'도 자네의 소중한 바람이라네.** '복권은 웬만하면 당첨되지 않겠지' 의심하는 마음은 '하느님, 복권에는 웬만하면 당첨시켜주지 말아 주세요' 하는 말과 똑같아. 그럼, 걱정 말게. 나의 우주는 언제든지 이루어줄 테니.

미쓰로 하, 하지만 나 혼자 60억 원을 독차지하고 싶단 말이에요!

하느님 그러니까 대체 독차지하고 싶은 이유가 뭔가?

[이런 기회는 두 번 다시 오지 않는다]고 믿고 있어서 그렇지? 당첨되기도 전에 복권 당첨이 어렵다고 믿고 있어. 그런 상태에선 사지 말라고. 그렇게 믿고 있으면서도 복권을 매번 산다는 것은 바보나 하는 짓 아닌가?

진심으로 '쉽다'고 생각하는 사람의 태도는 그렇지 않아. 예를 들어 자네 집 앞에서 동네 아이가 '물 좀 주세요' 하고 말했다고 치세. 수돗물이 있는데 아이에게 숨길 텐가?

미쓰로 숨기긴요. 바로 물을 줘야죠.

그 유명한 마쓰시타 고노스케(파나소닉의 창립자. "수돗물이 무궁무진하고 값싼 것처럼 우리 회사의 제품도 싸게 많이 보급하여 사람들에게 행복을 줘야 한다." 경영철학인 수도(水道)철학을 발표, 실제 경영방식에 큰 영향을 미침)의 '수도철학'이군요. 누구나 손에 넣을 수 있는 것이라면 누구든 주위에 무료로 베풀어야 한다고 했지요.

하느님 맞았어. 그걸 아는 사람이 당첨 사실을 아무에게도 알리지 않으려고 하나?

미쓰로 으윽……. 그러네요. '복권에 당첨되기는 어렵다'는 관념이 아직 내 마음에 많이 있나 봐요.

하느님 **진정한 부자는 말이야……, 베풀기 선수라네.**

더 정확히 말하면 잘 내어놓을 줄 알지. 왜냐, 돈 벌기가 '어렵다'고 생각하지 않으니까. 들어오는 즉시 내어놓는다네.

그러니 부자가 복권에 당첨된다면 파티를 열 게 틀림없어. 내 맹세하겠네. 반드시 그리할 테니.

사람은 쉽게 들어오는 물건일수록 쉽게 내놓는 법이라네. 마치 공기를 들이마신 뒤 바로 내쉬는 것과 같지.

자네는 '내 손에 넣은 이 공기, 두 번 다시 내쉬지 않을 테다!' 하고 말하며 질식해 죽은 적 있나? 없지?

공기는 다시 들어온다고 생각하고 폐에서 금방 내보내는 게야. 그리고 '다시 들어온다'고 믿고 있으니, 생각이 현실화되어 실제로 새로운 공기가 금방 들어오지.

이게 원리라네. 쉽게 들어온다고 믿는 물건은 쉽게

내어놓는다. 그렇다면 이 원리를 반대로 적용해 보면 어떨까?

미쓰로 **쉽게 내어놓으면 쉽게 들어온다는 뜻인가요?**

하느님 그렇지! 먼저 내어주면 반드시 들어오게 되어 있어. 봉헌함에 300원을 아무 생각 없이 넣는 사람은 300원 정도는 금방 다시 들어온다고 믿고 넣는 거라네. 아무렇지도 않게 3,000원을 넣는 사람은 3,000원쯤 금방 다시 들어온다고 믿고 있지.

그럼 먼저 10만 원을 넣어 보면 어떨까?

미쓰로 하느님, 너무 비겁하잖아요! 이런 걸 두고 악덕 상술

이라고 하거든요! 당신, 정말 하느님 맞아요? 10만 원이나 되는 거금, 당신에게 바치고 싶지 않네요!

하느님 하긴, 자네에게는 무리일 테지. 만 원도 안 넣지? 그 이유가 뭐더라?

미쓰로 '만 원을 벌기는 어렵다'고 생각하니까요. 하지만 현실적으로 생각해봐도 봉헌함에 만 원이나 덜커덕 넣는 건 현실적으로 무리라고요!

하느님 그럴 게야. 무리일 테지. 게다가 그 경계선은 **억지로 넘을 수도 없다네**. 그렇잖은가. '자네가 무리다'라고 믿고 있으니. 사실 이건 체크일 뿐일세. 자신이 무리라고 여기는 선은 어디까지인가. 자네의 부자 지수를 측정하는 척도인 셈이지.

자네들이 봉헌함이라 부르는 것을 나는 '**부자 척도 박스**'라 부른다네. 5,000원을 선뜻 내어놓는 사람은 5,000원을 쉽게 손에 넣겠지.

만 원인 사람이 있는가 하면 1,000만 원인 사람도 있어. 복권에 당첨된 후 파티를 여는 사람도 있지.

이것은 그저 척도일 뿐이라네. 자네도 한번 체크해보게.

미쓰로 왠지 치사한데요! 이 얘기를 들으면 누구든 무리를 해서라도 돈을 바치려고 하겠죠! 당신만 돈방석!

아주 눈에 선하네요! 무리한 탓에 손을 부들부들 떨며 10만 원을 넣는 사람의 모습이……

하느님 하지만 **그 사람은 결의라도 했지.**

무리한 탓에 떨리는 손으로 넣은 그 10만 원은 언젠가 '무리를 해서'든 무슨 수를 써서라도 다시 손에 넣을 게야.

내어놓을 때와 똑같은 태도로 손에 넣는 법이니까.

그 사람에게는 최소한 10만 원은 되돌아오게 되어 있다네. 몇 번이나 얘기하지만 이건 단순한 척도에 불과해. 쉬운 사람에게는 쉬울 테지. 어려운 사람에게는 어려울 테고. 무리인 사람에게는 무리일 게야. 돈에 대한 당신의 신념을 측정할 수 있다네. 단지 그것뿐이라네.

뭐, 당첨되기 전부터 '당첨되면 숨겨야지' 생각하는 자네는 지금 당장 뭔가 깨달아야 마땅하지.

〈연습하기〉

① 봉헌함 혹은 기부함에 돈을 넣어봅시다.

② 당신 마음속 수많은 돈 관련 관념에 대한 종합지수를 '수치'로 측정할 수 있습니다.

③ 쉽사리 넣을 수 있는 금액은 '쉽사리 들어온다'고 생각하

는 액수입니다.

④ 힘들여 넣을 수 있는 금액은 '힘들여야 들어온다'고 생각하는 액수입니다.

⑤ 무리해도 넣지 못하는 금액은 '무리해도 들어오지 않는다'고 생각하는 액수입니다.

⑥ 더불어 이 활동의 상한선은 10만 원으로 설정합시다.

복권에 당첨되면
주위에 널리 알려라.

부자를 진심으로 칭찬하라

미쓰로 아이고, 과자를 너무 많이 먹었더니 배가 아프네요. 하지만 복권을 잔뜩 산 덕분에 왠지 기분은 상쾌하네요.

하느님 그럼 기분이 상쾌할 때 가르쳐 줘야겠군. 자네 회사의 다니야 부장 말인데, 그 사람이 말이지…… 30억 짜리 복권에 당첨되었다네.

미쓰로 뭐, 뭐라고요! 그 자식, 날 배신하다니!

하느님 거짓말이야. 하지만 이 얘기를 듣고 난 자네 반응은 진짜지. 왜 동요했을까. **세상에는 충분한 '풍요'가 준비돼 있지 않다고 의심하고 있기 때문**일세. 자네는 '누군가에게 부가 가면 나에게는 부가 찾아오지 않는다'고 생각하고 있어. 그래도 설마 상사를 두고 '배신하다니'라고 할 줄이야. 나도 놀랐지 뭔가.

미쓰로   네? 하지만 1등 복권은 실제로 30개 정도밖에 없다
고요. 누군가가 1등 당첨이 되면 내 몫이 줄어드는
건 당연하잖아요!

하느님   여전히 한정된 사고방식하고는. 믿음이 작아! **무한한
부가 있는 이 세상에서 왜 멋대로 좁아터진 범위를
정해서 살고 있나?**

'당첨복권'이 줄어들어도 다른 방법으로 돈이 들어올
지도 몰라. '돈'이 줄어도 다른 방식으로 풍요가 찾
아올지도 모르지. '풍요'가 줄어도 다른 방법으로 행
복이 찾아올지도 모르고.

좁은 입구만 보지 말라고 그렇게 말했는데 아직도
집착하고 있군. 한정된 사고를 바꾸려면 입에서 나오
는 말을 조심하게.

**자네가 입 밖으로 뱉은 '부럽다, 분하다'는 자신은 할
수 없다는 생각이 들 때 나오는 말**이야.

다니야 부장이 복권에 당첨되었다는 소리를 듣고 분
한 이유가 뭘까? 왜 부럽지? 자신에게는 불가능한
일이라고 생각하니 그럴 수밖에.

미쓰로   하긴 그래요. **내가 할 수 없는 일이라고 생각하니까
분한 거죠.**

하느님   생각한 대로 현실이 되는 이 세상에서 '나는 할 수

없어(=당첨되지 않아)' 라고 생각하고 있지? 난 자네가 바란 대로 늘 이루어 주고 있다니까.

미쓰로   그럼 어떻게 하면 될까요?

하느님   말을 바꾸면 돼. **분하 '다', 부럽 '다' 하지 말고 멋지 '다' 말하게.** 같은 '다' 로 끝나도 현실에 미치는 영향력은 180도 다르니까.

동료가 복권에 당첨되다니 멋지네! 이웃이 호화 저택을 세우다니 멋지네! TV에서 연예인이 크루저에 타고 있다니 멋지네! '부럽다' 가 아니라 **'멋지다'** 라는 말이 입에서 나오도록 노력하게. 이 노력은 반드시 보상받을 걸세.

미쓰로   네? 생판 알지도 못하는 부자가 뭘 하든 '멋지다'고 하라고요?

하느님   당연하지. 자네 주변에서 부자 관련 대사건이 그리 자주 터지진 않을 텐데? 이제껏 연예인의 호화 저택을 TV에서 볼 때마다 '부럽다', '분하다'고 했던 자네가 **'멋지다!'** 하고 칭찬을 하게 되지.

이는 곧 **'나도 언젠가 할 수 있다' 는 선언**이라네. 게다가 부자를 비판해 왔던 그 태도에도 모순이 있어. 부자를 볼 때마다 자네는 불평을 해댔지. 돈만 많지 성격은 나쁠 거라는 둥 말이야. 사실 그런 말을 하는 자네 성격이 더 나쁘네만.

미쓰로 하지만 부자라고 하면 성격이 나빠 보이잖아요. 밉살스럽다고나 할까요.

하느님 또 그놈의 나쁜 '다'가 나왔구먼. 멋지다고 칭찬하라니까! 부자에 대해 품고 있는 그런 부정적 이미지는 훗날 자네에게 되돌아올 게야.

그렇잖은가. 자네도 '부자'가 되고 싶다면서? **미래의 자신에게 불평을 한들 무슨 소용인가?** 자네는 부자가 되고 나서 그 모든 고통을 안고 살아갈 셈인가?

① '부자는 성격이 나쁠 게 뻔하다'고 자네는 말한다.

② '부자가 되고 나서 주위 사람들에게 성격 나쁘다는 말은 듣고 싶지 않다.' 이렇게도 말하지.

결국 ①+② = '나는 부자가 되기 싫어' 하고 있다니까?

미쓰로 그런 걸 원할 리가 없잖아요!! 난 부자가 되고 싶다고요!

하느님 그렇다면 '멋지다'는 말을 입버릇처럼 말하게. 그들을 몇 번이고 칭찬하게나. 그럼 머지않아 부자가 되어 있는 자네를 발견할 테니.

〈연습하기〉

① 오늘부터 부자를 볼 때마다 '멋지다'라고 말합시다.

② 그리고 다른 사람들의 모든 성공을 축복해 줍시다.

타인에 대한 축복은 자신이 부자가 되는 것에 대한 두려움까지 송두리째 없애줍니다. '분하다', '부럽다'라는 말은 '나에게는 불가능하니까'라는 생각에서 나옵니다.

'멋지다'는 칭찬은 곧 '나도 할 수 있다'는 선언과 같습니다.

타인의 성공에 대한 진심어린 축하는
'머지않아 나도 할 수 있다'는
선언이다.

4교시

....

내가 당신이고 당신이 나

빅뱅을 일으킨 이유

어느 날 아침, 여느 때처럼 휴게실로 향한 미쓰로는 여 직원들의 모습에서 이상한 낌새를 눈치챘다.

미쓰로 어? 다들 웬일이에요? 거래처에서 받은 케이크 왜 안 먹고 있죠? 이른 아침 혈당치를 급상승시킬 우리 회사만의 멋진 정례 행사는? 내가 그것만 기대하고 회사에 다니는데.

히사코 어휴, 쉬잇! 미쓰로, 분위기 파악 좀 해! 미키가 울고 있잖아! 어제 애인한테 차였대. 다들 위로하고 있어.

미쓰로 (우와, 어쩌지. 경제신문 다음으로 읽기 싫은 게 분위기인데. 젠장, 이런 거 딱 질색이란 말이야. 아, 귀찮아 죽겠네. 뭐, 일단 위로 좀 해줄까.) 미키 짱, 인생의 대선배인 나한테 다 털어놔! 이 아저씨가 또 고민 상담을 아주 좋아하거든.

미키　어젯밤에 '새로 좋아하는 사람이 생겨서'라는 문자만 하나 달랑 오고 그걸로 끝이에요. 3년이나 사귀었는데 헤어질 때 얼굴 보고 얘기도 안 하다니. 흑흑…. 너무 충격이 커서 오늘 일할 상태도 아니에요!

미쓰로　(그럼 출근하지 말든가. 이미 와 놓고선. 젠장, 케이크 먹고 싶다. 하지만 이런 분위기에서 구석의 냉장고로 갈 수도 없고.) 우리 회사의 아이돌 미키 짱을 차 버리다니 그 남자 정신분열증 아니야?! 정상적인 판단이 안 되네. **차라리 잘됐어.** 결혼 전에 헤어져서. 하마터면 와이드쇼에 출연할 뻔했잖아. 아이고, 다행이다. 천만다행이야. 자, 히사코 선배님. 케이크 좀 잘라 줘요.

히사코　이 바보야! 그 말은 하면 안 되지!

미쓰로　뭐가요? 어떤 말이요? '와이드쇼' 말이에요? 에이, 농담이죠. 방송국도 그리 한가한 곳이 아니거든요.

미키　그 사람, 파티시에였거든요. 흑! 케이크 따위 두 번 다시 보고 싶지 않아요!

미쓰로　(엥? 케이크 따위 꼴도 보기 싫다는 댁이 이 휴게실에서 버티는 한 우린 두 번 다시 케이크를 못 먹잖아. 바야흐로 케이크 인질 농성사건 발생! 방송국은 내가 부르고 싶네! 그래서 히사코 선배도 열심히 설득하고 있었구나. 나보다 더 케이크를 좋아하는 사람이니. 그랬군, 범인에게 설득·협상 시도 중이었어. 좋아, 나도 가만있을 순 없지.)

있잖아요, 인질만이라도 좀 풀어 줄 수 없을까요?

미키   인질이라니, 무슨 말이에요? 선배님은 이제 저리 가세요!

> 고대했던 아침 디저트를 빼앗겨 의기소침해진 미쓰로는 하느님에게 말을 걸었다.

미쓰로   흉악범이 사내에 잠입한 모양입니다.

하느님   우울해하는 사람은 실컷 우울해하는 편이 좋다네. **실제로 지금 '우울해하고 싶다'고 그녀가 바라고 있으니까.**

케이크는 나중에 내가 먹여 줄 테니 걱정 말라고.

미쓰로   완전 걱정되네요! 내 걱정은 그것뿐이라고요. 범인따위 어떻게 되든 상관없어요. 내 걱정은 현장에 붙잡혀 있는 인질의 생사뿐! 인명 우선!

하느님   그녀는 이미 헤어졌다고 생각할지 몰라도 지금도 두 사람은 하나라네.

미쓰로 저속한 대사 읊지 말고 좀 도와주세요. 아직 거기에 인질이 남아 있단 말이에요!

하느님 저속하다니. 지금도 만물은 하나라니까. 자네들 세계의 과학자가 주장하는 내용이기도 하다고. '빅뱅'이 일어나기 전 우주는 모든 질량이 집중된 '특이점(特異點 singularity point 시공간, 물질, 빛이 사라지는 블랙홀에 있는 점. 우주의 팽창과 붕괴가 시작되는 점. 빅뱅 에너지가 모여 있는 초고압, 초고온의 점. 1970년대에 스티븐 호킹이 로저 펜로즈와 함께 일반상대성이론을 바탕으로 우주 탄생 순간에 크기가 0인 한계 상태가 존재했다는 것을 증명했다. 스티븐 호킹이 주장한 무에서 우주가 탄생했다는 빅뱅 이론. 대폭발 전의 크기가 0

이고 밀도와 온도가 무한대인 작은 특이점에서 우주가 출발했다는 것이다. 그 시점은 바로 우주가 빅뱅으로 탄생한 지 10-43초가 되는 순간이다.)' 이었다고 말일세. **우주는 본래 하나였다고 과학자들이 말하고 있다네!**

미쓰로   빅뱅 전에는 하나였을지 몰라도 지금은 이미 헤어졌다고요. 미키 짱과 파티시에처럼 아주 뿔뿔이.

하느님   지금도 하나라네. 이것도 최첨단 과학자의 주장이야. 물질과 물질 사이에는 입자로 가득 차 있다. 심지어 원자핵과 전자 사이에도 입자로 충만해 **'우주 어디에도 진공은 없었다'** 고 말일세.

　　　　자네 주변을 한번 둘러보게. 현실세계에 '아무것도 없는 공간' 따위 없지 않은가. 허공에 구멍이라도 뻥 뚫려 있나?

미쓰로   구멍은 안 뚫려 있지만 나와 벽 사이에 아무것도 없는 공간이 있는데요?

하느님   '공기'로 가득 차 있지 않은가.

미쓰로   뭐, 듣고 보니 그렇긴 합니다만 '공기'란 '아무것도 없는 상태'의 대표나 마찬가지잖아요. 방금도 공기 (분위기) 파악에 실패한 참입니다만.

하느님   **공기에도 물질이 가득 차 있기에 숨을 쉴 수가 있는**

게야. 알겠나? **지금도 만물은 여전히 하나**라네. 하긴 뭐, 자네들에게는 믿을 수 없는 일이겠지. 자네와 다니야 부장이 지금도 하나라는 생각은 들지 않지?

미쓰로 '지금도'는커녕 여태껏 하나였던 적이 아예 없습니다. 기분 나쁜 상상만 하게 되니까 그만하시죠.

하느님 어쨌거나 만물은 지금도 하나라네. **모든 건 직접적으로 붙어 있어.** 자네 피부에 공기가 붙어 있고 그 공기는 벽에 붙어 있고 그 벽은 건너 편 공기에 붙어 있고 그 공기는 다니야 부장에게 붙어 있지. 두 사람은 찰떡궁합이라니까. 유후! 매일같이 사내에서 신혼여행인가! 뜨거운 사이군!

（에헴）거기 있는 새신랑! 지금도 만물은 하나라네.

미쓰로 오 마이 갓. 알고 싶지도 않았던 사실이 밝혀졌어. 그러고 보니 나하고 다니야 부장, 꼭 붙어 있잖아요. 어휴, 징그러! 그런데 이 징그러운 지식이 인질 해방에 무슨 도움이 되죠?

하느님 아무 도움도 안 돼. 그렇잖은가. 결국 자네들은 '**만물은 지금도 하나**'라는 생각을 전혀 못하는 데다가 '나와 세계는 분리되어 있다'고 굳게 믿고 싶어하지. 왜일까? **관계성을 배우려면 둘 이상이 필요**하거든. 배우기 위해 분리라는 환상을 보고 싶어하니 어쩔 수 없지.

미쓰로 하나일 땐 배울 수 없다는 뜻이에요?

하느님 배울 수 없지. 우선 둘 이상이 되지 않으면 배우는 쪽이 생기질 않거든. '가르치는 자'와 '배우는 자'가 있어야 비로소 배울 수 있지 않은가.

'다니야 부장과 하나가 아니다' 주장하는 미쓰로 군. **'자네 몸'은 하나로 이어져 있다,** 여기에는 동의하지?

미쓰로 당연하죠. 내 몸이 하나가 아니면 토막살인 사건이게요. 아마 범인은 휴게실에 있을 겁니다.

하느님 그럼 하나라 생각하는 자네 몸의 오른손과 왼손으로 가위바위보를 해볼까. 지금 당장 **오른손이 이기게끔 가위바위보를 해보게.** 회사에서 한가해 보이는 자네를 가위바위보 교실 원장으로 임명하겠네.

미쓰로 오, 평사원인 나에게 '장'자가 붙은 건 처음이에요! 계장, 과장을 훌쩍 넘어서 드디어 원장으로 승진!! 좋았어! 도쿄대학 100명 합격을 목표로 학생들을 가르치겠습니다. 오른손 군, '가위'를 내도록! 왼손은 '보'를 낼 테니! 봐, 선생님이 말한 대로지!

이제 오른손 군은 '바위'! 왼손 군은 다음 시합에 아마 '가위'를 낼 거야. 거봐! 이번에도 선생님이 말한

대로지! 자, 오른손 군. 다음엔 '보'를…. 저기요. 이 거 너무 허무하잖아요.

하느님 왜 허무한지 알겠나? **오른손과 왼손으로 가위바위보 를 몇 번 한들 배울 게 전혀 없기 때문일세.** 그럴 수 밖에 없지, **둘 다 자네니까** 말이야. '오른손은 가위 를 자주 내는 경향이 있는 듯하다'는 지식은 자네에 게 배움이 되나?

미쓰로 그럴 리가요. '오른손에 가위를 많이 내게 하고 있 는' 사람은 나 자신인데요.

하느님 그렇지. 배움이란 모르는 것을 알게 되는 행위라네. 그러니 '가르치는 자(아는 자)'와 '배우는 자(모르는 자)'가 동일인물이면 아무 의미가 없지.
'오른손과 왼손의 가위바위보'에서는 영원히 배움을 얻을 수 없듯이 **관계성을 배우기 위해서는 '당신'이 외의 존재가 필요하다네.**

미쓰로 이번 가르침도 굉장해요! 그렇구나. 그래서 우리들은 빅뱅으로 분리되어 이 세계에서 '타인과의 관계성'을 배우고 있군요.

하느님 바로 그렇다네. 빅뱅이 일어나기 전의 특이점을 '하나 된 것'이라고 하세. **하나인 것은 하나이기 때문에 아 무것도 배울 수 없어.**

'아는 자'와 '모르는 자', '상처 주는 자'와 '상처받는 자', '사랑하는 자'와 '사랑받는 자', 이렇게 둘이 있어야 비로소 배울 수 있다네. 당신의 눈앞에는 오늘도 분명 '타인'이 비치겠지. 그게 어떤 상대가 됐든 그 사람에게서 **배울 것이 많다**는 얘기야.

아니, 오히려 당신이 배우기 위해 그 사람이 당신의 눈앞에 비치고 있다네.

미쓰로　이거 굉장한데! 빨리 휴게실로 가야겠어요!

〈연습하기〉

당신의 현실에 등장한 타인은 모두 당신에게 무엇인가를 가르쳐 주고 싶어합니다. 오늘 만나는 사람을 보고 그 사람에게서 무엇을 배울 수 있는지 생각해 봅시다.

당신 주위의 모든 사람이
당신에게 무엇인가를
가르쳐 주고 싶어한다.

질색하는 사람이 최고의 스승?

> 어느 날, 화장실에서 하루 일과인 아침잠을 자던 미쓰로는 남자가 얘기하는 소리를 듣고 잠에서 깼다.

남자 영업부 미쓰로가 내 동기인 미키한테 시인이라도 된 양 인생을 논했대. 웃기지 않냐. 심지어 바보 미키가 그 얘기를 듣고 글쎄 감동해서 울었단다.

미쓰로 야, 너 누구야? 지금 나갈 테니까 꼼짝 말고 있어!

남자 큰일이다!

> 미쓰로가 엉덩이를 닦고 나왔을 무렵 그곳에는 아무도 없었다.

미쓰로 난 말이죠, 뒤에서 불평하는 놈들이 세상에서 제일

싫더라고요.

방금 그 목소리는 이시하라 같은데? 그럼 듣고 있던 또 한 사람은 누구지? 진짜로 용서 못해!

하느님 보통은 반대로 말한다고. '나는 그렇다 쳐도 그 사람 불평까지 하다니!'

미쓰로 도저히 이해가 안 간다니까요. 다른 사람 욕을 또 다른 사람 앞에서 아무렇지도 않게 하는 놈이란!

그런 놈은 바로 앞에 있던 사람 불평도 언젠가는 꼭 하게 되어 있어요. '저는 남 앞에서 불평하는 성격입니다. 당신에 대한 불평도 언젠가는 할 겁니다.' 하고 굳이 알려 주는 행동이잖아요! 이래서 **난 누가 내 앞에서 남 불평하는 것도 듣기 싫다**고요.

하느님 흠, 자네 지금 나한테 이시하라 불평을 하고 있네만. 똑같이 하면서 뭘.

미쓰로 아니죠, 당신은 인간이 아니잖아요? 그리고 이시하라에 대한 불평을 동료한테 한 적은 없다고요. 뒤에서 투덜투덜 불평하는 심리는 뭐냐고요!

하느님 아까부터 계속 투덜투덜하고 있는 건 자넨데.

미쓰로 이건 다르다니까요! 아무도 안 듣고 있잖아요.

하느님 그렇다 치고, 이대로 가다가는 자네도 이시하라처럼 되겠구먼. 화제를 바꾸자고. 인간에게 타인과의 관계성이 중요한 이유가 뭐라고 했지?

미쓰로 　배울 수 있으니까요. **나 혼자서는 '다정함'조차 배울 수 없지만 타인이 있음으로 해서 '다정함'을 배울 수 있지요.** 혼자만 있으면 정답게 대할 상대가 없으니 '다정함'을 발휘할 일이 아예 없겠죠.

하느님 　맞아. 관계성(둘 또는 여러 대상이 서로 연결되어 있는 성질)에서 배우기 위해 자네들은 빅뱅을 일으켰어. 즉, '이 세상은 배우기 위해 준비되었다'고도 말할 수 있다네.

　　　　그럼 자네가 모르는 것을 가장 잘 알고 있는 사람은 누구라고 생각하나?

미쓰로 　내가 모르는 것을 가장 잘 알고 있는 사람이요? 초등학교 과학 선생님인가? 아니면 대통령? 아, 우리 사장님인가요?

하느님 　틀렸어. 좀 더 생각해 봐.

미쓰로 　설마 하느님?

하느님 　또 틀렸어. **자네가 모르는 것을 가장 잘 알고 있는 사람은 자네가 싫어하는 사람**이라네.

미쓰로 　이시하라 말이에요? 그놈은 나보다 6살이나 어린 후배인데요? 하긴 뭐, 고학력에 엄청 성실하니 나보다 공부는 잘하겠지만 인생은 내가 더 잘 안다고요!

하느님   지금부터 하는 얘기는 모든 가치관을 버리고 듣게. 왜 자네는 이시하라를 싫어할까? 이시하라가 뭘 생각하는지 모르기 때문이야.

'다른 사람 앞에서 남에 대해 불평하는 심리'를 모르겠다.

'선배를 경칭 없이 함부로 부르는 정신'을 모르겠다.

'고학력을 자만하는 의미'를 모르겠다.

모르겠다의 연속이지. 내가 질색하는 그 사람이 뭘 생각하는지 전혀 이해가 안 간다. 이게 무슨 뜻일까? **자네가 모르는 것을 그 사람은 많이 알고 있다는 뜻**이라네. 그렇잖은가. 싫은 그 사람이 뭘 생각하는지 도통 모르겠지?

미쓰로   아니요, 그딴 녀석 생각 따위 몰라도 상관없거든요! 완전 싫으니까!

하느님   '가치관을 버리고 들으라'고 했지 않은가. 주관을 개입시키지 말게.

자네들은 매일같이 아무런 생각도 분석도 못한 채 감정만 앞세워 계속 '싫어! 싫어!' 하고 아우성치고 있어. 감정에 휘둘리다 보면 영영 감정 조절을 할 수 없게 된다고! **당신이 모르는 일을 가장 잘 알고 있는 사람은 당신이 싫어하는 사람.** 이건 틀림없는 사실일세. 아까 미키는 애인인 파티시에가 바람을 피웠다고 했지. 미키 입장에서는 바람난 상대편에게 질색할 게야.

[남의 애인을 **빼앗으려** 하다니 그 여자의 심리를 모르겠다.]

[어떻게 하면 그런 저속한 짓을 할 생각이 드는지 모르겠다.]

[나라면 일단 정식으로 헤어진 후 데이트 신청을 할텐데. 이건 말도 안 된다.]

모르겠다, 모르겠다, 전혀 모르겠다. **질색하는 사람에 대해서는 아무것도 알 수가 없다** 이거지!

어떤가, 질색하는 그 사람은 미키가 모르는 일을 가장 잘 알고 있어.

미쓰로 하지만 형편없잖아요!

하느님 아프리카에는 남성 한 명이 열 명 이상의 여성과 결혼하는 곳도 있는데? 일부다처제지. 그리고 그 마을에서는 아내가 많을수록 우러러본다네.

결국 어떤 이의 가치관에서는 '최악'이더라도 다른 사람의 가치관에서는 '최고'가 된다는 얘기야.

그러니 지금은 주관을 개입시키지 말고 들어 보게. 아프리카인이 볼 때는 한 명의 아내와만 결혼하는 일본인이 이해가 안 갈 거야. 그렇지?

미쓰로 뭐, 그렇죠. 아프리카인은 알 수가 없겠죠. 한 아내만 평생 사랑하는 미덕이 얼마나 **훌륭한지** 말이에요. 가르쳐 주고 싶네요.

하느님 그 말인즉슨 아프리카인이 모르는 것을 일본인은 많이 알고 있다는 뜻이야. 마찬가지 아닌가. 질색하는 사람은 당신이 모르는 가치관을 많이 알고 있어.

고학력을 자만하는 쾌감. 뒤에서 불평하는 즐거움. 선배를 마구 부르는 통쾌함.

온통 자네가 모르는 세계지? 자네가 **싫어하는 사람은 자네가 모르는 것을 가장 잘 알고 있다**네.

미쓰로 원리상으로는 그렇겠네요. 기분은 왠지 나쁘지만요.

하느님 기분이 나쁜 이유는 '자네의 가치관' 속에 갇혀 있기 때문일세. 자네가 믿는 가치관만이 절대적이라고 아무것도 모르는 자네가 말하고 있는 셈이야.

이를테면 자네, 뒤에서 다른 사람 불평하는 대신 그 사람 면전에서 따끔하게 야단치지?

미쓰로 정정당당하니 얼마나 멋있어요!

하느님 '자네'가 그것을 '멋있다'고 믿고 있을 뿐일세. 면전에서 직접 불만을 듣고 겁먹고는 밤잠을 설치는 사람도 있다고! 이시하라가 그런 사람이야. 자네, 이시

나는 모른다 = 싫어하는 사람은 알고 있다
바람피우는 심리 = 그 재미를
뒤에서 불평하는 = 그 즐거움을
선배 이름을 마구 부르는 = 그 통쾌함을
고학력을 자만하는 = 그 쾌감을

하라 본인에게 직접 주의 준 적 있지?

미쓰로 글쎄 그놈이 고객을 한없이 기다리게 해 놓고 문자 보내고 있더라고요. 바로 불러서 주의를 줬죠. "그러면 안 되지." 하고요.

하느님 이시하라가 면전에서 야단맞은 건 처음이었다네.

그 후 1주일이나 회사를 쉬었고, 자네는 눈치 못 챘겠지만 이시하라는 심각하게 고민했네.

결국 '뒤에서 불평하기'가 가치관에 불과하다면 '앞에서 정정당당하게 야단치기'도 하나의 가치관에 불과하다네.

어느 쪽이 옳은가의 문제가 아니야. 이른바 가치관이란 그 사람이 제멋대로 믿는 종교나 마찬가지라네. 모두들 '이 생각만이 옳다'고 맹신하고 있지.

이렇게 당신이 갖고 있지 않은 가치관을 많이 갖고

있는 사람을 가리켜 **당신들 인간은 '싫은 사람'**이라
고 **부른다**네.

미쓰로 하긴, 그렇긴 해요.

'내가 모르는 가치관' = '나와 다른 가치관'이니까요.
그리고 나와는 다른 가치관만 가진 사람에 대해서는
확실히 질색하게 되겠죠.

하느님 그렇지. 그래서 가치관이나 주관의 개입이 없는 평평
한 곳에서 들으면 이 가르침을 잘 이해할 수 있다네.
**자네가 모르는 것을 가장 잘 알고 있는 인간은 자네
가 싫어하는 사람**이라는 사실을 말이야. 자, 이 진리
를 이해했다면 자네들은 뭘 위해서 이 세상을 만들
었는지 다시 떠올려 보게.

미쓰로 타인과의 관계성에서 배우기 위해 빅뱅을 일으킨 거
죠. 둘 이상으로 만들려고요.

하느님 '배우다'란 '모르는 것을 알게 되다'는 뜻일세. 자네
들은 하나라도 더 많은 것을 '알기' 위해 태어났어.
그렇다면 답은 간단해.
질색하는 그 사람에게 다가가게. 그 사람은 이 세상
에서 당신이 싫어하는 것을 가장 잘 알고 있는 사람
이니까.

┌ 화장실에서 나온 미쓰로는 경리부의 이시하라에게 달려 ┐
└ 갔다. ┘

이시하라 서, 선배님! 오해예요. 저, 정말로 오해라니까요!

┌ 극도로 겁에 질린 이시하라를 보고 미쓰로는 중얼거렸 ┐
└ 다. ┘

미쓰로   그렇군. 나도 똑같은 짓을 하고 있었어. 보통 때 같았
         으면 당장 한 방 먹였겠지. 하지만 넌 굉장히 '싫어하
         고' 있어. 화장실에서 내가 방금 겪은 '더러운 기분'과
         비슷할지도 몰라.
이시하라 어? 무, 무슨 일 있어요? 선배님답지 않게. 큰소리로
         고함 안 치세요?
미쓰로   이시하라. 옛날에 고객 앞에서 주의를 줬던 거 미안해.
이시하라 내가 그 건으로 고민한 줄 어떻게 알았어요?
미쓰로   그냥 감으로.
이시하라 …. 난 정말 억울했다고요! 툭하면 땡땡이치는 선배
         님이 열심히 노력하고 있는 나를 야단치다니, 용서할
         수 없었어요!
         심지어 고객이 보는 앞에서. **불만이 있으면 뒤에서
         하면 되잖아요!** 굳이 본인 앞에서 하다니.

미쓰로　그러게, 미안. '본인 앞에서 불평하기'가 옳다고만 볼 수는 없으니까. 네가 열심히 노력하는 건 알고 있어. 앞으로 기대할 테니 힘내라고!

이시하라　오, 오늘은 왜 이렇게 잘해 주는 거예요. 왠지 분해서 눈물이 쏟아지잖아요! 이거 왜 이러지, 멈추질 않아. 선배님! 그냥 소리치세요. 평소처럼 하라고요! 흑…. 훌쩍.

미쓰로　정말 미안했다.

이시하라　어흐흐…. 선배님! 나야말로 죄송했어요. 선배님이 정말 부러웠거든요! 차근차근 노력해서 쌓아 놓은 내 실적을 선배님은 늘 요령 좋게 앞서갔죠.

왜 그렇게 영업을 잘 따는지 너무 분해서 참을 수가 없었어요! 그 분풀이로 뒤에서 불평이나 하고…. 죄송합니다. 흑….

미쓰로　괜찮아, 그건 너의 가치관이니까.

다만 그 가치관을 내가 모르고 있을 뿐, 분명 거기에도 아름다운 풍경이 펼쳐져 있겠지? 그러니까 사과하지 않아도 돼.

이시하라, **모르는 가치관을 여러 차례 교환해서 많이 '아는' 것, 그게 우리가 태어난 이유**야. 너무 아등바등하지 말고 있는 그대로 가자고.

맞다! 이 다음에 엄청 성실한 널 위해 땡땡이치는 법을 가르쳐 주지. 잘 모르지? 땡땡이치는 즐거움을! 대신 나한테 성실하게 일하는 법을 가르쳐 주길….

그때 우연히 다니야 부장이 지나쳤다.

다니야 부장 무슨 대화인지는 모르겠네만 도저히 선배의 발언이라고 생각할 수가 없는데. '다음에 땡땡이치는 법을 가르쳐 주겠다'고? 심지어 '일하는 법을 가르쳐 달라'고?

자, 영업부로 돌아가지. **모두가 보는 앞에서 단단히 일러둬야겠어.**

미쓰로 불만이 있으면 뒤에서 하라고요. 왜 모두가 보는 앞에서 혼나야 되는데요!

〈연습하기〉

싫은 사람을 '가치관이 다른 사람'이라는 시각으로 봅시다. 그 사람은 당신이 모르는 풍경을 많이 보고 있는 사람입니다. 다채로운 풍경을 즐기려고 태어난 이 세계에서 그 사람에게 한 걸음씩 다가간다면 당신의 소원은 순식간에 이루어질 겁니다.

당신이 싫어하는 사람은
당신이 모르는 것을
가장 잘 알고 있는 사람이다.

칭찬, 또 칭찬하자

> 다니야 부장과 미쓰로는 인사부를 뒤로 하고 제작부와
> 사내 회의에 참석하러 회의실로 향했다.

제작부장 원가가 너무 급등해서 당사 제품 가격을 10% 올릴
수밖에 없는 상황입니다.

미쓰로 뭐? 말도 안 돼! 고객에게 제품 하나 팔기가 얼마나
힘든지 알아? 당신들, **우리 영업부에서 얼마나 고생
하는지 하나도 모르지.**

그러니까 '가격 10%나 인상해야 한다'는 소리를 아
무렇지도 않게 할 수 있는 거야. 고객의 소리를 더
들으라고.

제작부장 무리인 건 무리야. 이쪽도 힘들긴 마찬가지라고! 부
품 매입처를 바꾸거나 배합률을 조정해 가며 한계

상황에서 애쓰고 있어!

미쓰로 힘들긴 개뿔. 냉방 잘 돌아가는 공장에서 앉아 있기만 했지! 당신들 외근 나가 본 적 있어? 우리가 얼마나 힘든지 알기나 해? 한 번만이라도 좋으니까 영업 좀 나가 보시지! 거참, 부장님도 한마디 하세요!

다니야 부장 자자, 그만 진정해. 이 건에 대해서는 내부적으로 다시 검토하겠습니다.

제품 가격을 인상하자는 제작부와 현행 가격을 유지하자는 영업부의 주장이 평행선을 달린 채 회의는 끝났고 미쓰로는 영업부에 돌아왔다.

하느님 여보게. 공원에 들렀다가 노래방에 들렀다가 도넛 먹고 드라이브하는 '외근'의 어디가 힘들었나?

미쓰로 시, 시끄러워요! 힘든 날도 있었다고요! 고객에게 멱살 잡힌 적도 있죠! '가격이 비싸다'나 뭐라나.

하느님 현실이란 자네가 만드는 것이라고 일렀거늘. 그런데도 **인간은 늘 '자신이 얼마나 노력했는지' 자랑하고 싶어하지.**

'난 이 정도로 힘들어', '이렇게 고생하고 있어', '참, 그날 엄청 속상한 일이 있었거든, 내 얘기 좀 들어

봐!' 이런 식으로 말일세.

언제든지 툭하면 고생 자랑 대회가 열린다네. 그 얘기를 하는 동안 주욱 '싫은 일'을 생각하는 셈이야. 생각이 현실화되는 이 세계에서 싫은 일을 주욱 얘기하고 있다고.

미쓰로　하지만 진짜로 영업이 훨씬 힘들다고요! 만날 정장만 입어야 하고. 저놈들은 좋겠네, 작업복 차림으로 얼마나 편하겠어요!

하느님　거 보게, 또 '자신이 얼마나 고생하는지 일장 연설'이 시작됐구만. 자네들은 잘못된 교육 탓에 '고생을 자랑'하면 좋은 대접을 받는다고 생각하고 있네. 계기는 아주 사소한 일에서 시작되었지.

평소 엄했던 아버지가 다리를 다친 당신에게 자상하게 대했다. 감기에 걸린 자네에게 "오늘은 무리하지 말거라." 하고 말했다.

이런 일을 겪다 보니 **'나 힘들어!' 하면 좋은 대접을 받는다고 믿게 된** 게지. 그때부터 인간은 '얼마나 내가 불행한지'에 대해 사람들 앞에서 열변을 토하게 되었어. 허나 이것은 우주의 유일한 법칙에 비추면 말 그대로 '힘든 일'이라네.

미쓰로　뭐가 어떻게 힘든데요?

하느님 현실이란 각각의 관측자의 자의적인 '해석'이라고 물리학적으로도 증명되었다고 말하지 않았나!

그런데 무슨 질문을 하든 '나는 굉장히 불행해!' 이 말만 계속하고 있어. 즉, '현실'에 대해 '불행하다!'고 늘 해석하고 있는 셈이지.

생각한 대로 현실이 보인다고 했을 텐데? 불행하다고 했나? 그럼 당연히 불행하지. 힘들다고? 그럼 힘들 수밖에. 앞으로도 계속 '고생 자랑 대회'나 하게. **우승자에게는 근사한 상품을 마련해 두었다네. 지옥행 티켓 말일세.**

미쓰로 염라대왕님, 이제부터는 어떻게 하면 되는지 알려 주시옵소서.

하느님 정반대로 하면 될 것 아닌가.

미쓰로 '농땡이 자랑'을 하라고요? 뭐, 다행히도 꽤 높은 순위에 오를 것 같습니다만.

하느님 겸손하긴, 농땡이 자랑이라면 압도적 1위겠지. 헌데 다른 사람들 앞에서 농땡이 자랑 대회를 벌이고 싶나?

미쓰로 절대 하고 싶지 않은데요. '난 이 정도로 노력하는 사람이야!'라고 다른 사람에게는 열심히 일하는 것처럼 해놓고 혼자 농땡이 치고 싶어요.

하느님 '내 인생이 얼마나 훌륭한지' 얘기하는 게 민망하다면 우선 **상대방의 노력을 칭찬하면 된다네.**

'노력을 많이 하시네요', '훌륭하십니다', '늘 감사합니다', '고생이 많으십니다' 이렇게 말일세.

미쓰로 흠, 과연. 이제껏 내가 한 일과 정반대인데요. 그런데 남을 칭찬하면 왜 자신이 편해지죠?

하느님 말로 설명하는 것보다 두 눈으로 체감하는 편이 낫겠어. 자네, 공장 라인 본 적 있나?

미쓰로 아뇨, 간 적 없는데요.

하느님 그럼 같이 견학 가 볼까.

＂ 미쓰로는 입사 8년 만에 처음으로 제작 라인을 견학했다. 그곳에서 본 광경은 미쓰로의 상상을 초월했다. ＂

＂ 무거운 짐을 들고 필사적으로 애쓰고 있는 사원. 전화로 원가 협상을 하느라 전화기를 든 채 일어서서 연신 머리를 숙이고 있는 제작부장. 전혀 냉방이 되지 않는 공장에서 일어선 채 제품을 확인하고 있는 시간제 주부 사원.
미쓰로는 눈물이 왈칵 쏟아질 것만 같아 공장을 나왔다. ＂

하느님 미쓰로, 어때? 어떤 생각이 들었나?

272

미쓰로 난 '매일 굉장히 편하게 일했구나' 생각했어요.

하느님 그렇다네. 생각이 현실이 되는 이 세계에서 자네는 **'나는 편하게 살고 있다'**고 생각했어.

생전 처음으로 '나는 행복하다'고 생각한 셈이지. 어제까지 자네는 다른 사람에게 입으로는 '얼마나 내가 힘든지 모르지!' 하며 속으로는 계속 이렇게 생각했을 거야. '저런 일도 했고 이런 일도 하느라 힘들었어. 그 사건 때문에 무지 고생했지!' 생각이 현실이 되는 이 세계에서 시종일관 '나는 불행하다'고 생각했던 자네가 겨우 방향을 돌려서 '나는 행복하다!'고 생각했다네. 드디어 말일세! **타인의 노력을 칭찬했을 뿐인데. 타인의 행동이 훌륭하다고 말했을 뿐인데 말일세.** 이렇게 간단한 일이 어디 있나.

미쓰로 **'타인을 칭찬해서 자신의 행복을 깨달을 수 있다'**니 이런 원리를 가르쳐 준 사람은 당신이 처음이에요. 붓다나 그리스도, 크리 어쩌구도 가르쳐 주지 않았어요. 과학 선생님은 확실히 안 가르쳐 줬고요. 이 얘기를 듣고도 '고생 자랑 대회'를 계속하는 바보는 아마 이 세상에 없을 거예요. 지금 진심으로 드는 생각인데, 당신의 가르침을 지구상의 모든 사람에게 전하러 다니고 싶어요.

하느님 그럼 고문비는 30%면 되겠구먼. 내 몫 말이야. 현금
으로 봉헌함에 넣어 두게나.

미쓰로 어이구, 치사해! 당신, 고객이 가격에 얼마나 민감한
지 알아요?

아무 생각 없이 30%라고 말하는데, 우리 영업은….

하느님 어, 그래서? 영업이 얼마나 힘든지 늘어놓고 이대로
예전처럼 '고생 자랑 대회'를 벌일 텐가?

미쓰로 알겠습니다. 당신 몫을 지불하지요. 멋지고 훌륭한
당신의 몫을.

하느님 농담일세. 아까 자네가 '지구상의 모든 사람에게 알
리고 싶다'고 말해서 정말 기뻤다네. 고맙네, 미쓰로!
자네는 내 가르침을 널리 알리는 일을 하게 될 거라
네. 왜냐, 자네는 순식간에 행복해질 테니까.

알리지 않고는 견딜 수 없게 되지. 넘치는 행복을 혼
자서 주체할 수 없게 되거든. 이렇듯 사람은 자신의
행복을 주위 사람들에게 나눠 주게 되어 있어.

자네는 책을 쓸 걸세. 그 책을 읽은 사람도 넘치는
행복을 느끼게 돼. 그러면 그 사람도 주위에 그 책을
권하겠지. 이렇게… 나는 유명해진다!

미쓰로 약아빠져 갖고…. 그런데 **'자신의 행복을 깨달으려면
타인의 노력을 칭찬하면 된다'**라는 아무도 모르는 단

타인을 칭찬한다 ⇒ 타인을 칭찬한다	
땀 흘리며 공장에서 일하다니 얼마나 대단한가!!	⇒ 에어컨이 있으니 행복하다
계속 서서 일하다니 얼마나 대단한가!!	⇒ 외근은 행복하다
땡땡이칠 수 없는 공장에서 일하다니 얼마나 훌륭한가!!	⇒ 땡땡이칠 수 있는 나는 행복하다

순한 원리, **'주체할 수 없는 행복은 주위에 흘러넘친다'** 는 얘기와 좀 비슷하지 않아요?

하느님　용케 알아챘군! 맞아서. 자신이 행복해지고 싶으면 타인을 행복하게 해주면 된다네. 그야말로 최단 경로지.

　　　　부자가 매일같이 파티를 여는 이유가 뭔지 아나?

미쓰로　머리가 나빠서겠죠? 푸아그라를 너무 많이 먹은 나머지 뇌가 간으로 변해서 매일같이 파티를 여는 거예요.

하느님　틀렸네. 돈을 다 쓰지 못해서야. 다 쓰지 못한 돈을 부자는 어떻게 할까? 하수구에라도 버릴 줄 알았나? 아닐세.

　　　　다 쓰지 못한 돈은 반드시 흘러나오게 되어 있어. **부**

자는 주위에 돈을 나눠 주게 된다네.** 그러면 자네에게도 그 돈이 돌아올 테지. 그런데도 자네들 인간은 타인의 행복을 시샘해. 무슨 수를 써서라도 발목을 잡으려 들지.

미쓰로 뭐, 하긴 부자들이란 늘 뭔가를 사고 있더라고요. **돈이 주위에 흘러넘치고 있었군요.** 그렇다면 자신이 노력해서 부자가 되기보다 누군가를 부자로 만드는 것이 낫다, 그래야 순조롭게 돈이 돌아온다는 얘기네요!!

하느님 그렇지. 그 이치를 맨 먼저 알아챈 사람들이 바로 부자라네.

그들은 항상 주위를 행복하게 만들자고 생각하고 있어. 그리고 주위 사람들을 마구 칭찬하고 있지. '훌륭하십니다', '굉장히 노력을 많이 하시네요', 이런 식으로 주위 사람들을 늘 칭찬하며 '자신이 얼마나 편하게(=행복) 사는지' 깨닫고 있다네.

행복해지고 싶다면 타인을 칭찬하게. 이게 제일의 지름길이야.

〈연습하기〉
고생 자랑은 그만하고 당신의 주위 사람들을 칭찬해 봅시다.

그리고 이런 말을 건네면 어떨까요? "고생 많으십니다!"

타인을 칭찬하면
'내가 얼마나 행복한지'
깨달을 수 있다.

바보라는 말에 상처받았다면
진짜 바보이기 때문

> 미쓰로가 공장을 견학한 지 1주일 후, 제품 가격 인상
> 이 회사에서 정식으로 결정되었다. 그는 가격 변경을
> 알리고자 고객을 방문했다.

미쓰로   정말 죄송합니다. 저희가 사정이 있어서요, 제품 가
격을 인상하게 되었습니다. 저는 아무 잘못도 없어
요. 이게 다 제작부 때문입니다.

라멘집 점주   이런 불경기에 10%씩이나 올리다니 대단들 하십
니다.

미쓰로   그렇죠? 제 생각도 그렇습니다. 원체 바보라서요. 이
회사는 대체 무슨 생각을 하는지, 원! 고객님 마음도
헤아릴 줄 모르고!

라멘집 점주   내 입장에서는 당신이 그 회사 인간이라고!

> 몇 군데를 돌았지만 고객의 반응은 예상대로 부정적이
> 었다. 지칠 대로 지친 미쓰로는 아이스크림을 사서 차
> 안에서 먹기 시작했다.

미쓰로   젠장, 아무도 이해를 안 해 주네. 그나저나 다들 저렇게까지 화낼 건 없잖아요. 인생은 환상일 뿐이니 그냥 웃어넘기면 될 텐데.

하느님   그러는 자네가 웃어넘기게. 불평하지 말고.

미쓰로   난 그리 심각하게는 받아들이지 않았다고요. 하지만 심한 욕설을 퍼붓는 고객도 있다니까요. '쓸모없는 인간!'이나 '멍청이!', '뚱보!'라고요. 거참, 마음 상한다고요. 욕한 놈 가게는 다 망했으면 좋겠다.

하느님   **사람은 타인을 상처 입힐 수 없는 법이라네.**

미쓰로   왜요, 할 수 있어요! 실제로 여기 상처 입은 순수한 아저씨가 빈사 상태로 쓰러져 있잖아요.

하느님   아이스크림 퍼먹고 있으면서! 빈사 상태에 있는 사람은 아이스크림 따위 먹지 않는다고! '쓸모없는 인간'이라 욕먹었을 때 자네가 왜 상처받았는지 아나? 자네가 스스로를 '쓸모없는 인간'이라 여기고 있기 때문일세.

   타인이 자네에게 상처를 준 게 아니라, 자네가 자네

에게 상처를 주고 있어.

미쓰로 오, 이번에도 좋은 얘기가 나올 듯한 예감이 드네요.

하느님 이를테면 내가 자네에게 '이 졸부 자식!'이라고 하면 어떻겠나?

미쓰로 아무렇지도 않은데요? 난 졸부가 아니니까요.

하느님 바로 그걸세. 지금 자네를 상처 입히려고 내가 자네에게 한마디 했네. 헌데 자네는 상처받지 않았지. 왜냐하면 **인간은 결코 다른 누군가를 상처 입힐 수 없기** 때문이야. 누군가가 악의적으로 타인을 상처 입히려 한들 절대로 '상처'를 줄 수는 없네. 본인이 아니라면 말이야.

미쓰로 이번 가르침, 뭔가 감이 오는데요. **내가 그렇게 생각하기 때문에 스스로 상처 입는다**는 뜻이군요. 하지만 타인을 상처 입히는 건 가능하지 않아요? 때리든지 하면 되잖아요.

하느님 불가능해. 인간은 결코 타인을 상처 입힐 수 없다네. 예를 들어 자네에게 상처를 주려고 누군가가 주먹을 날리더라도 자네가 거기에 긍정적인 의미를 부여하면 긍정적인 사건이 되지.
실제로 **채찍으로 맞는 데 쾌락을 느끼는 사람들도 있지 않은가?**

미쓰로　그, 그건 변태죠!

하느님　나한테는 자네 쪽이 훨씬 변태로 보여. **아무 의미도 없는 중립적인 현상을 늘 부정적으로 받아들이고 있으니.** 일어나는 일에 처음부터 정해진 의미 따위 절대 없는데 말이야.

　　　'그것을 어떻게 생각하는가?' 단지 그뿐이라네. 타인의 입을 통해 자네 멋대로 상처받고 있을 뿐일세.

미쓰로　하긴. '쓸모없는 인간!'이라는 말을 들었을 때 열받았지만 '멍청이!'라는 말을 들었을 땐 아무렇지도 않았거든요. 내 자신을 '멍청이'라고 생각하지는 않으니까요. **스스로에 대해 '쓸모없는 인간'이라고 생각하고 있어서 상처를 받게 되는군요.**

하느님　맞았어. 본인이 그런 생각을 하니까 상처받는 걸세. 타인의 입에서 나온 말은 모두 본인이 생각하는 의견이라고 일러주지 않았나.

미쓰로　아, 전에 배운 내용이군요. 현실 중 100%는 자신의 해석으로 만들고 있으니 타인을 만드는 사람도 자신이다, 이 내용 말이에요.

　　　그러니까 타인 입에서 나오는 의견은 곧 내 의견이라는 뜻이네요.

하느님　그렇지. 처음부터 이 세상에 타인 따위 존재하지 않는다네. 당신밖에 없어.

'당신'은 누구일까? 바로 거기 당신 말이야. 지금 이 현실을 관측하고 있는 '당신'. 방금 '네? 저요?'라고 생각하며 이 책을 읽고 있는 '당신' 말일세. '당신' 밖에 없다는 말일세.

관측자는 1명뿐이니 당연한 얘기지. 그런 당신이 관측하는 **'현실'에 등장하는 모든 인물은 당신의 의견을 얘기하고 있어.**

미쓰로   논리상으로는 알겠는데 뭔가 느낌이 이상하네요. '사토 미쓰로'라는 등장인물도 '다니야 부장'이라는 등장인물도 '라멘집 점주'라는 등장인물도 모두 내가 만들어낸 인간이라는 말이죠?

그럼 나는 왜 '사토 미쓰로'만 사랑스러울까요?

하느님   이상하다고만 생각하지 말고 복화술사를 상상해 보게나. 자네를 포함해서 주위에 있는 사람은 모두 인형이야. **사람들의 입을 제각기 움직여서 당신이 자신의 의견을 말하고 있어. 그렇다면 타인이라 생각하는 사람의 의견도 자네 의견이겠지?**

미쓰로   참, 그랬죠. 다카타 과장의 입을 통해 '성실하게 일해야 한다'는 의견을 내가 말하게 했었죠. 심층의식에서 내가 믿고 있는 '성실하게 일해야 한다'는 의견을 그의 입을 통해 듣고 있다.

왠지…. 알 것 같아요! 난 매일같이 복화술사 같은 일을 하고 있군요. 지금 당장 서커스에 나가도 되겠어요!

나 완전 잘하거든요!! 내 목소리가 아닌 양 남의 입을 움직이는 기술 말이에요!

하느님 방금 자네가 한 말 진짜 괜찮은데. 다음부터 나도 그 표현 좀 써야겠네. 아니, 그러지 말고 내가 말한 걸로 하자고! 저작권을 내놓게.

미쓰로 남의 대사 함부로 훔치지 말라고요! 당신, 그러고도 하느님이에요?!

하느님 자네 대사라고? 자네 대사라는 게 어디 있기는 하던가? 누구 입을 통하건 모두 내 목소리라고 했을 텐데? **자신의 목소리가 아닌 양 속이고 타인의 입을 움직이는 기술이 뛰어날 뿐**이지.

미쓰로 이 사람이! 내 명대사 쓰지 말라니까!

하느님 어쨌거나 모든 건 자기 의견일세. 자기 의견이니 듣고 나서 스스로 마음에 걸릴 수밖에. 뇌리에 남고 상처를 받게 되지.

아무렇지도 않게 생각하는 일이라면 절대 마음에 걸릴 리가 없어. 아까 '바보'나 '졸부'라는 소리에는

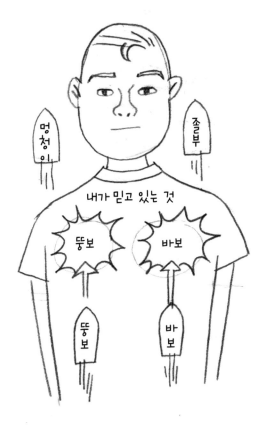

전혀 상처받지 않았지? 그게 증거일세. 만약 상처받는다면 타인의 의견을 자네가 지지하고 있기 때문이라네. **상대방 입에서 나온 그 의견을 가장 인정하는 사람은 자네라고.**

자네는 항상 오후 5시 정각에 퇴근하던데, 그럴 때 과장이 뭐라던가?

미쓰로 다카타 자식, 만날 나만 보면 '가끔은 야근 좀 하지.' 이런다고요.

하느님 그것도 자네 의견이야. 자네는 '회사를 위해 야근해야 한다'는 생각도 가지고 있거든. 단, 심층의식이긴 하네만.

자신이 그렇게 믿고 있다는 사실을 표층의식에서 깨닫지 못한 것뿐일세. 그래서 타인의 입으로 그 대사를 내보내지. 그리고 표층의식에서 믿고 있는 '야근은 하면 안 된다'는 생각을 복화술 인형인 '주인공'을 통해 말하고 있을 뿐이야. '본인'이라는 주인공의 입을 써서 말일세.

자네, '남아 달라'는 과장의 말을 듣고도 오후 5시 정각에 퇴근할 때 집으로 가는 차 안에서 뭘 하나?

미쓰로 난 옳은 일을 했다며 자기변호라도 하듯 스스로를 타이르죠. 다카타의 성난 얼굴을 떠올리며 '야근은 비효율적이야', '회사 내규에도 오후 5시라고 되어 있어'라고요.

하느님 **자기변호가 일어날 때는 늘 내가 반대쪽 의견도 지지하고 있기 때문이다**라는 사실을 깨닫도록 하게. 그렇잖은가. **자기변호란 스스로를 '끊임없이 타이르는 상태'**를 말하니까. 내가 옳다고 몇 번이나 스스로를 설득하지. 설득이 왜 필요한가?

당신이 상대편 의견이 '옳다'고 생각하기 때문 아닌가? 그러니 '자신'에게 이쪽 편으로 오라고 설득하며 자기변호를 하고 있지.

사토 미쓰로라는 등장인물이 내심 '야근은 옳다'고 생각하기 때문에 자기변호를 해서 자신을 이쪽 편으로 끌어들이려고 하는 게야.

이렇듯 자네들 복화술사는 타인에게는 '야근을 해야 한다', 자신에게는 '오후 5시 정각에 퇴근해야 한다'고 말하게 하며 이 세계를 즐기고 있어.

미쓰로 말도 안 돼, 하나도 안 즐기고 있거든요! 이 복화술 대회의 어디가 즐겁냐고요!

하느님 그럼 더 즐기고 싶나?

미쓰로 당연히 더 즐기고 싶죠! 당신 바보예요?! 이 시점에서 '아니요, 괴로움에 빠지고 싶으니 사양하겠어요…' 하며 거절하는 멍청이가 어디 있어요?

하느님 복화술대회를 즐기지 못하는 이유는 하나뿐. **특정한 사람의 의견을 지지하기 때문에 괴로워지는 걸세.** 여기서 '특정한 사람'이란 주인공을 말한다네. 당신이 늘 '나'라고 믿는 사람말이야. 당신은 자기도 모르게 늘 '나'만을 응원하고 있지?

미쓰로 당연한 일 아니에요?! 내가 왜 다카타를 응원해야 되는데요?! 자파넷(자파넷 다카타 현 대표이사인 다카타 아키라가 창립한 홈쇼핑 업체)도 아니고! 나는 언제나 '나'의 응원단장이라고요!

하느님 어느 쪽이나 자네 의견인데 **한쪽 편만 응원하니까 괴로워지는 게야.** 어느 메이저리그 야구단의 사장에게는 오랜 고민거리가 있었어. 자신의 팀이 항상 지고 있었거든. 어느 해에 그 사장은 상대편 구단도 인수하기로 마음먹었어. 그러자 두 팀의 소유주가 된 사장은 **야구 경기로 인해 괴로워하지 않게 되었지.** 여기부터가 굉장하다네. 야구 경기 관람이 괴롭기만 했던 사장은 오히려 매번 즐기게 되었다는 사실을 깨달았지. 양쪽을 응원하다 보니 '야구'라는 경기 자체를 단순하게 즐기게 된 게야.

미쓰로 쳇, 하여간 부자들은 좋겠어요. 50억 원짜리 구단을 한방에 사 버리다니. 어떤 인생인들 안 편하겠어요. 캔 커피도 아니고 구단을 냉큼 사다니, 기가 막혀서.

하느님 또 특정한 '미쓰로'를 응원하고 있군. 상대편인 부자를 응원하지 못하고. 그러니 당연히 괴롭겠지. 한쪽 편만 응원하고 있으니까. 미야자와 겐지는 이렇게 말했네.

[비에도 지지 않고 바람에도 지지 않고… **모든 일에 제 이익을 생각지 말고** 잘 보고 들어 깨달아….]

특정한 '자신'만 응원하지 않고 그 '자신' 조차 고려하지 않고 세계를 바라본다면 괴로운 일은 결코 다시 일어나지 않을 걸세.

미쓰로 좀 전의 아니꼬운 사장 얘기는 별로였는데 미야자와 겐지 이야기는 바로 수긍이 되네요! '비에도 지지 않고'에 대한 해설은 일본에서 아무도 모를걸요. 당신 역시 대단해요!

'자신'만을 응원하지 않으면 다시는 괴로워하지 않아도 된다. 당연히 그렇겠죠. 괴로워하는 이유는 **'자신'이 위험해져서, '자신'을 지키고 싶어서, 자신'을 행복하게 만들고 싶어서니까요.**

이것만 고려하면 난 항상 행복할 수 있겠네요.

하느님 그렇지. 사실 자네들은 언제나 행복하다네. 다만 그걸 깨닫지 못했을 뿐.

'쓸모없는 인간'이라는 말에 상처받은 이유는 자네 스스로 '나는 쓸모없다'고 여겼기 때문이지. 상대방이 '쓸모없는 인간'이라고 말한들 어떤가. 어차피 그것도 당신의 의견인 것을.

미쓰로 아하, 그렇군요. 그렇게 생각하니 '쓸모없는 인간'이라는 말도 별로 거슬리지 않네요.

하느님　자네 속에 있는 쓸데없는 고정관념이 사라졌기 때문이야. 잘 기억해 두게. **사람은 타인을 상처 입힐 수 없어.** 자기 스스로 상처받을 뿐이지.

그렇다면 스스로 극복하는 것 말고는 방법이 없잖은가. 상대방이 뱉은 대사에 상처받았다면 내가 스스로 그렇게 생각하고 있기 때문에 상처받았구나, 하고 냉정하게 분석하게. **상대방 입으로 의견을 말하게 하는 사람도 나구나, 깨달았다면 당신은 앞으로 결코 상처받지 않을 걸세.**

〈연습하기〉

누군가와 갈등하고 상처받았을 때 내가 왜 상처받았을까 생각해 봅시다. 상대방의 말을 내가 인정하고 있기 때문에 스스로 상처받았다는 사실을 깨닫게 될 겁니다.

타인의 말에
힘을 부여하고 있는 사람은
당신 자신이다.

이세상에 단 하나뿐인 〈당신〉

어느 날 아침, 미쓰로는 자택 화장실에서 장남 고쿠토가 다니는 유치원에서 온 '학부모 간담회' 공지를 읽고 있었다.

미쓰로 우와, 진짜 가기 싫다. 영 거북하단 말이죠. 다들 날 '별난 놈' 취급한다니까요.

하느님 실제로도 별난 놈인데 뭘 그러나. 나도 이제껏 이렇게 별난 인간은 처음이라고.

미쓰로 하아, 도저히 안 되겠는데. 50분 동안이나 이상하게 보는 주위의 시선을 참으며 계속 영업용 웃음을 유지해야 하다니, 무슨 참기 대회도 아니고.
안 되겠다, 마누라한테 가라고 해야겠어.

하느님 나는 신이라네.

다른 학부모들이 자네를 어떻게 생각하는지 알려줄까?

미쓰로 가르쳐 줘요! 아무래도 '별난 놈'이라는 대답이 돌아올 것 같지만요.

하느님 사실 주위의 학부모들은 자네에 대해… 허참, 어쩐다? 이걸 말해도 되나 모르겠군. 아니지, 그냥 말해주지!

미쓰로, 다른 학부모들은 자네에 대해….

아무 생각도 없다네. 정확히 말해서 아무도 자네에게 관심이 없어.

미쓰로 …. 나 지금 엄청 무안하거든요. 자의식 과잉 같고. **아무도 나한테 눈길도 안 주는데 누가 날 지켜본다고 잔뜩 의식해서는.** 쥐구멍에라도 들어가고 싶네요. 뭐, 들어가도 아무도 쳐다보지 않겠지만 말이죠.

하느님 자네들 인간은 늘 '주위 사람이 자신을 어떻게 보고 있는가?' 신경 쓰고 있어. 허나 우주 유일의 법칙은 '자신이 주위를 어떻게 보는지' 뿐이라네.

다시 말해 **자네를 나쁘게 보는 사람은 한 명도 없어.** '나쁘게 보는 사람이 있다'고 자네가 생각하고 있을 **뿐이지.**

아무도 자네에게 관심 없다고. 그러니 간담회에는 자

네가 가도록 하게.

그날 오후 미쓰로는 유치원에 와 있었다.

선생님 이번 가을 운동회는 '텐트를 설치하실 분', '의자를 정리하실 분', '전단지를 만드실 분' 등으로 부모님들의 역할을 분담을 하고자 합니다. 죄송하지만 학부모님 여러분의 많은 협조 부탁드립니다. 역할은 제비뽑기로 정하겠습니다.

미쓰로 꽝도 있나요? 꽝, 아무 역할도 없는 사람이요! 나한테는 그게 '당첨'이긴 하지만요.

선생님 네. 딱 한 분만 꽝입니다.

미쓰로 아자! 의욕이 샘솟는구먼! 텐트 담당만큼은 싫다고. 무더운 날씨에 내가 뭐하러 철로 된 **뼈대**를 운반해. 내 반드시 꽝을 뽑고 말 테다!

생각이 현실이 되는 이 세계에서 보기 좋게 텐트 담당을 뽑은 미쓰로는 고개를 숙인 채 유치원 문 밖을 나섰다. 차에 올라타 문득 운동장을 보던 미쓰로는 친구와 둘이서 벤치에 앉아 있는 장남 고쿠토를 발견했다.

미쓰로 저 녀석은 좋겠어. 친구와 아무 생각 없이 벤치에서 수다나 떨고 말이야.

네 아빠는 너희 선생님 덕분에 다음 달에 가혹한 노동을 하게 되었단다. 하아, 왜 내가 이런 일을….

하느님 '싫다, 싫어.' 말하며 계속 그 일만 생각하더니 아주 제대로 끌어당겼구먼. 축하하네. 헌데 미쓰로, 야구가 뭔지 아나?

미쓰로 야구를 모르는 사람 찾기가 더 어려울걸요. 하아….

하느님 야구에는 아홉 개 포지션이 있다네. 이른바 역할이지. 투수가 있고 포수가 있고 삼루수가 있고 일루수가 있고…. 그런데 선수가 열 명 있다고 하면 어떻게 될까?

미쓰로 아무 역할도 안 하는 사람이 딱 한 명 생기겠죠. 그놈 참 부럽군요.

하느님 포지션을 만든 후에 선수를 모집하면 그렇게 되겠지. 하지만 내가 만든 **이 우주에는 남는 포지션은 없다네. 왜냐하면 그 사람이 있는 장소 자체가 포지션이기 때문일세.**

수요와 공급이 완전히 일치하는 셈이지.

미쓰로 네? 하기 싫은 역할을 보기 좋게 뽑은 남자를 앞에 두고 그 발언은 뭡니까? 역할 분담이 전혀 일치하지 않거든요.

하느님　빅뱅이 일어났을 당시 우주가 100개 조각으로 분열되었다고 가정하자고. 그때 우주에 남는 조각이 있을까?

미쓰로　없죠…. 100개의 조각 전부를 합해야 우주가 되니까요.

하느님　그 후 빅뱅이 진행하면서 우주가 1,000조 개 조각으로 분열되었다고 하세. 이때 우주에는 남는 조각이 있을까?

미쓰로　없죠…. 어라? 그럼 우주에는 지금도 남는 조각이 하나도 없다는 얘기잖아요. 역할의 수만큼 물질이 존재할 테니까요.

하느님　그렇지! 말 잘했네! 지금 이 **우주에는 남아도는 조각 따위 하나도 없다**네. 자네 눈앞의 공간에서 갑자기 남아도는 퍼즐 조각이 툭 떨어진 적 없지?

모든 장소에는 모든 역할이 이미 박혀 있다네. 그래서 모두 완전히 일치하지.

요약하면 포지션을 만들고 선수를 모집하는 야구와는 달리, **구성원 수만큼 확실하게 포지션이 생겨나는 셈**이지.

태초에 삼루수가 있고 중견수가 있고 투수가 있고

포수가 있어서 마지막에 그것을 '야구'라는 경기로 만들었다고나 할까. 당신이 있고 내가 있고 누군가가 있고, 그리고 우주가 만들어진 걸세.

미쓰로　과연. 그럼 이 우주에서 쓸모없는 것은 하나도 없겠네요.

하느님　맞았어. 당신은 존재 그 자체만으로 이미 인정받고 있어. 당신이 없으면 이 우주는 존재할 수 없으니까.

그런데도 인간은 **'인정받고 싶다'**고 말하지. **존재만으로도 이미 역할을 완벽히 수행하며 인정받고 있는데.**

'당신'이라는 역할이 있기 때문에 그곳에 존재하고 있는데. 폼 재려고 하는 말이 아니라, 우주에게 당신은 말 그대로 **'소중한 존재'**라네.

미쓰로　하지만 역시 가능하다면 출세도 하고, 훌륭한 사람도 되고, 사회에서 인정도 받고 싶은데요.

하느님　'존재만으로 훌륭하다'는 원리를 모르니까 그런 착각에 젖은 말을 하는 게야.

존재하고 있다는 것만으로도 이미 완전히 인정받은 자네가 '인정받고 싶다'고 바라면 어떻게 된다고 했지?

미쓰로　인정받으려면 일단 '인정받지 않은 상태'로 다시 만들어야겠죠?

하느님 그렇다네. 자네가 '훌륭한 사람이 되고 싶다' 로 중얼거린 횟수만큼 자네 마음은 '나는 훌륭하지 않다' 고 생각하고 있어. '더 훌륭한 사람이 되고 싶다' 라고 말하며 **내심 '왜냐하면 이렇게나 훌륭하지 않으니까' 라고 생각하고 있단 말일세.**

자네들은 존재하는 시점에서 우주로부터 완전히 인정받고 있어. 그렇지 않으면 존재하지도 못해.

미쓰로 하지만 다른 곳의 퍼즐 조각이 되고 싶단 말이에요. '텐트 담당'이 아니라 '자택 대기' 라는 조각이요.

하느님 우주의 중심은 자네라니까? **다른 곳에 갈 수 있을 리가 없지.** 관측자인 '당신'의 사고로 현실을 구축하고 있으니 언제든 투영하는 사람인 자네가 중심이 된다고.

미쓰로 잠깐만요! 머리 아프기 시작했어요. 난 여기 말고 저쪽에 가고 싶다니까요?

하느님 저쪽 따위는 없다고! 늘 '여기'만 존재한단 말일세. 관측자가 중심점이라니까? **자네가 저쪽에 가면 '거기'가 중심이 되니 '거기'가 '여기'가 된다고.** 결국 **어디를 가든 자네는 '여기' 있는 셈이지.** 저쪽에 어떻게 간다는 말인가?

미쓰로 저, 정말이네! 무슨 수를 써도 난 '여기'에서 움직일 수가 없구나! **다른 역할이라는 조각 따위 영원히 될 수 없다는 얘기군요.**

하느님 그렇다네. '여기' 말고는 갈 수가 없는 자네가 '저쪽에 가고 싶다'고 말하니 늘 일이 이상해질 수밖에. 자네는 이 자리에 있는 것만으로 제 역할을 온전히 다하고 있어. 그 자리에서 지금 당장 느긋하게 쉬도록 하게. 느긋하게 쉬고 있으면 **자네가 바라는 역할은 모두 '여기'에 올 거라네.**

⌐ 그때 고쿠토가 운동장 벤치에서 달려와 차문을 두드렸다. ⌐

고쿠토 아빠, 있잖아요. 내 친구 고키가 기운이 없는데. 아빠가 좀 위로해 주면 안 돼? 아빠 이런 거 잘하잖아.

미쓰로는 차에서 내려 벤치로 향했다.

미쓰로 고키가 무슨 일 때문에 기운이 없을까? 제비뽑기에
서 텐트 담당이라도 뽑은 거니?

고키 나, 아무것도 못해. 피아노랑 철봉이랑 산수도 못해.
나 같은 애는 없는 게 나아. 우리 엄마도 그렇게 생
각할걸.

미쓰로 그렇지 않아. 이 우주에 필요 없는 사람은 절대로 태
어나지 않거든. 이 세계에 존재하는 사람에게는 각
자 정해진 역할이 있단다. 그 자리에 존재하는 것만
으로 이미 역할을 다하고 있어. 예를 들어 보자. 넌
어떤 사람이 되고 싶니?

고키 우리 반 곤타처럼…. 곤타는 뭐든지 잘하거든. 피아
노도 잘 치고 철봉도 잘하고 머리도 좋아. 나도 곤
타처럼 태어났으면 좋았을 텐데.

미쓰로 네가 곤타가 될 수 있을 리 없잖니. **너는 이미 너니
까.** 곤타한테는 곤타만의, 너한테는 너만의 '역할'이
있단다.

고키 나한텐 아무 역할도 없어.

미쓰로 있단다. 넌 아까 이렇게 말했지. '난 아무것도 못한

다'고 말이야. 못하는 네가 있으니까 곤타는 '난 할 수 있다'고 생각할 수 있는 거야. 네가 없었다면 저 녀석들은 아무것도 못했을 거야.

고키   하지만 나도 잘하고 싶단 말이야.

미쓰로   그럼 네가 잘하는 걸 찾아보자. 굳이 못하는 '피아 노'를 생각하지 말고.

피아노는 곤타를 위해 '못 쳐 준다'고 생각하면 돼. 네가 있어서 곤타는 '피아노를 잘 친다'고 생각할 수 있거든. 네가 곤타를 위해 피아노를 치는 거나 마찬 가지야.

자, 우리 고키가 잘하는 건 뭘까?

고키   아무것도 없어. 진짜로 아무것도 못한단 말이야. 역 시 내 역할은 없는 거야.

미쓰로   아니, 너만 할 수 있는 일이 있단다. 예를 들어 네 아 빠는 퇴근하고 집에 오면 맨 먼저 널 번쩍 안아 올려 주지? 아빠는 네 얼굴만 봐도 기운이 샘솟거든. 이건 너만 할 수 있는 역할이야. 시험 삼아 다음에는 현관 에 곰 인형을 한번 놓아 보렴. 아빠가 그 인형을 안 아 줄까?

고키   …. 맞아. 아빠는 언제나 나를 보고 웃어 줘.

미쓰로   그럼, 그게 얼마나 굉장한 일인지 아니? **너 말고 다**

른 걸 거기 둬 봤자 너희 아빠는 웃지 않는단다. 피아니스트가 100만 명 있어도 아빠를 웃게 할 수 있는 사람은 너뿐이야. 자, 저쪽을 보렴. 저기 또 한 명, 고키가 있어야 기운이 나는 사람이 너를 데리러 왔구나.

고키　엄마다! 오늘은 '일찍 마중 나오기'로 약속했거든, 날 데리러 온 거야!

미쓰로　맞아. 엄마가 시간제 일을 얼른 마치고 와 줬지? 엄마가 일을 **빨리** 끝낼 수 있게 하는 사람도 너뿐일 걸!
　　　　네가 없었으면 엄마는 언제까지고 시간을 질질 끌며 야근하고 있었을지도 몰라. 그러다가 몸이 망가졌을 수도 있어. 네가 있어서 엄마는 오늘도 웃을 수 있단다!

고키　아저씨, 고마워. 이제 힘이 나는 것 같아! 나 그냥 여기 있기만 해도 되는 거지?

미쓰로　그럼! 그 역할은 **너밖에 할 수 없거든!** 하지만 네가 기운이 없으면 엄마도 아빠도 웃을 수가 없단다. 지금처럼 웃으면서 엄마하고 집으로 돌아가렴.

고키가 돌아간 후 고쿠토가 미쓰로에게 말했다.

302

고쿠토 아빠, 고마워. 나도 아빠가 아빠여서 다행이야. 아빠 말고 다른 사람이 아빠인 건 절대 싫거든!

미쓰로 이제 어쩔 수 없군. 내 역할이니 텐트를 치는 수밖에. 아빠도 힘낼 테니까 너도 이번 운동회 달리기에서 꼭 1등 해라.

좋았어. 차 있는 데까지 연습하자! 그럼, 준비, 땅!

⌈ 차를 향해 달음박질하는 두 개의 긴 그림자를 보며 하 ⌉
⌊ 느님은 중얼거렸다. ⌋

하느님 아무리 봐도 행복한 부자지간이군.

그런데 그 '역할'을 왜 그렇게 싫어했지? **존재 자체만으로 소중한 '당신'인데.** 인간이란 정말 알다가도 모를 생물일세.

〈연습하기〉

'당신이 할 수 없는 일'이 아니라 '당신밖에 할 수 없는 일'을 주위에서 찾아봅시다. 당신에게는 '당신'이라는 소중한 역할이 이미 있으니까요.

당신이 없으면
이 우주는 '진짜로'
존재할 수 없다.

〈여기까지 복습해보세〉

여기까지 읽었으니 돈과 인간 관계에 대해 새롭게 눈을 떴을 게야! 부자가 되려면 돈을 사랑하고 남에게 베풀 줄 알아야 돼. 부자를 진심으로 멋지다고 칭찬할 줄 알아야 내가 부자가 될 수 있네. 상대의 말에 상처를 받았다면 그건 내가 그렇게 생각하기 때문이지. 주위 사람들은 나에게 아무 관심이 없어. 사람들에게 내가 어떻게 비춰질까 고민하지 말게.

자, 그럼 더 잊기 전에 잠시 복습을 해보자고.

돈을 사랑하라(가르침 17) 복권 판매점에서 복권을 사려던 미쓰로 기억나지? 돈을 벌고 싶으면 먼저 '돈=더럽다'는 관념을 없애야 하네. **부자가 되고 싶으면 돈을 사랑하라고!** 돈을 더 갖고 싶으면 돈을 더 사랑하면 된다네!

쉽게 부자가 된 사례를 찾아라(가르침 18) '부자 되는 법' 기억나나? 돈을 벌지 못하는 이유는 '나는 부자되기 어렵다'고 생각하기 때문이랬지! 이 고정관념을 없애야 해. 그래서 복권 당첨자, 거액 유산 상속자, 별고생 없이 부자가 된 선술집 사장 등의 사례를 열심히 찾아보라고 했지. 사례가 많을수록 부자가 될 수 있는 신념도 강해지지. **부자가 되기란 어렵지 않아. 아주 쉽다네!**

베풀 줄 아는 사람이 부자가 된다(가르침 19) 마쓰시다 고노

스케의 경영철학 '수도철학' 기억나지? 모르면 다시 펼쳐봐. 베풀 줄 알아야 부자가 된다고 했어. 봉헌함에 3,000원을 넣는 사람은 3,000원쯤은 금방 돌아온다고 믿고 있기 때문이야. 만약 복권에 당첨되면 숨기지 말고 복권 당첨 파티를 열겠다는 인식의 전환이 필요해. 여러분, 복권이 당첨되자마자, 주위에 널리널리 알리도록!!

부자를 멋지다고 진심으로 칭찬하라(가르침 20) 다니야 부장이 30억 복권에 당첨됐다고 속이며 미쓰로의 반응을 떠본 것 생각나나? 미쓰로가 다니야 부장에게 벌컥 화를 냈지. 사촌이 땅을 사도 '부럽다, 분하다'는 생각은 하지 말게. 어떻게 하라고 했지? '멋지다!'라고 칭찬하라 했지! 당신도 나중에 부자가 될 거니까. '부럽다, 분하다' 이런 생각은 '나는 부자되

기 글렀어' 하는 것과 마찬가지야. **타인의 성공에 대한 진심어린 축하는 '머지않아' 자신도 할 수 있다는 선언이라네.**

내 주위의 모든 사람이 선생님이다(가르침 21) 파티시에 남친에게 차인 미키가 슬픔에 잠겨 있었지. 미키와 그 남친처럼, 인간 관계는 혼자선 못 배운다네. 차였다고 생각하지 말고 이별 선언한 남친이 인간 관계를 가르치는 선생님이라고 여기도록. **당신에게 일어나는 일을 통해 무엇이든지 배울 수 있다는 점을 명심하게나.**

누구나 가치관이 다를 뿐이니 내가 먼저 다가서라(가르침 22) 회사 화장실에서 땡땡이 아침잠을 자다가 자기 욕을 한 후배를 혼내려고 했던 미쓰로. 아주 중요한 부분이야. 인간 관계에서 당신이 가장 싫어하는 사람에게 더 다가서야 한다네. 자신이 질색하며 싫어하는 사람은 자신이 모르는 것을 가장 잘

아는 사람이라고 했지 않나. 미쓰로는 뒤에서 불평하는 인간을 가장 싫어하지만 상대는 오히려 뒤에서 불평하는 즐거움을 안다고 했어. 어느 누가 옳은가의 문제가 아니라 서로 다른 가치관을 가졌을 뿐이라네. 귀찮아도 도표를 다시 펼쳐 보게. **당신이 싫어하는 사람은 당신이 모르는 걸 가장 잘 알고 있는 사람일 수 있어.**

나를 자랑하지 말고 타인을 칭찬하라(가르침 23) 사내 회의가 열렸을 때, 제작부장이 제품 값을 10% 인상해야 한다는 말에 미쓰로가 열을 냈잖아. 영업부가 얼마나 고생하는 줄도 모른다고 하면서. '인간은 늘 세상에 나만큼 고생하는 사람은 없어'라며 고생 자랑을 하지. 오히려 상대의 노력을 더 칭찬하게. '훌륭하십니다, 고생 많으십니다!' 이렇게 상대방을 칭찬하면 편하게 일하고 있는 자신을 발견하게 되지. 행복해지고 싶나? 그럼 나만 힘들다고 하지 말고 다른 사람을 칭찬해, 알았지? '모든 일에 제 이익을 생각지 말라'던 미야자와 겐지의 말을 떠올려보게. 행복해지려면 '나'만 응원하지 말라고. **타인을 칭찬하는 순간, 당신이 지금 얼마나 행복한지 느끼게 된다네.** 역지사지하는 자세를 기르게나.

진짜 바보만 바보라는 말에 화를 낸다(가르침 24) 제품 값이 결국 10% 인상돼서 미쓰로가 거래처에게서 욕을 바가지로 먹고, 그 가게들 다 망해버리라고 푸념을 하지. 타인이 내뱉은 '바보, 쓸모없는 인간, 멍청이, 똥보' 이런 말에 상처받았다면 그 이유는 스스로 '바보, 쓸모없는 인간, 멍청이, 똥보'라고 생각하기 때문이라네. 누군가 당신더러 '바보'라고 했을 때 화

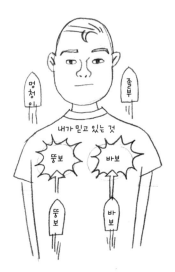

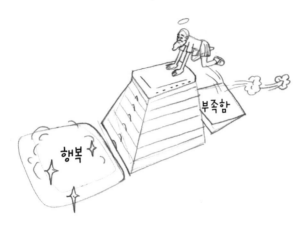

가 났다면 그건 당신 자신이 스스로 '바보'라는 것을 인정하는 것. **타인을 인정하는 건 바로 당신 자신이란 걸 잊지 말게.**

나만 할 수 있는 일은 반드시 있다(가르침 25) 미쓰로가 아들 유치원의 간담회 공지문을 보고 다른 학부모의 시선이 싫어서 가지 않으려고 꾀를 내다 들켰지. 하지만 아무도 '나'에게 관심 따위 갖지 않는다네. 지하철에 타봐. 사람들이 당신을 쳐다보나? 아니야 다들 스마트폰만 보고 있지. 미쓰로가 텐트 설치 담당으로 뽑혀서 재수 없다고 생각했지만, 어디서 무엇을 하든 그건 자신의 일이네. 우주에 남는 포지션은 없어. 우주의 구성원 수만큼 포지션이 있다네. 수요와 공급이 완벽하게 일치하는 거지. 우주에서 '나'는 아주 소중한 존재야. 우주에 필요 없는 사람은 아무도 없어. 이 넓은 우주에 당신이 없다면 우주가 존재할까? 세상에 단 하나뿐인 당신이 가장 소중하다네!!

총정리 수업

5교시

....

이 세 상 의 이 치 와 진 정 한 행 복

꿈과 고민을 주위 사람들에게 말하라!

> 외근을 돌던 오후, 여느 때처럼 시내가 훤히 내려다보이는 공원 벤치에 걸터앉은 미쓰로는 아득히 먼 곳을 바라보며 가만히 중얼거렸다.

미쓰로 하느님, 있잖아요. 웃지 말고 들어 주세요.

나에겐 꿈이 있어요. 어렸을 적부터 누군가에게 용기를 주는 일이 하고 싶었거든요. 시인도 좋고 작곡가도 좋고, **어떤 형태로든 누군가에게 용기를 북돋아 주는 사람**이 되고 싶어요.

하느님 알고 있네. 예전에 선배에게 그리 말하더군. 물론 따로 말하지 않아도 알고 있었네만. 난 신이라니까!

미쓰로 그렇죠. 이룰 수 있을까요?

하느님 그럼. 인간이란 역시 알 수 없는 생물이야.

이룰 수 있는 꿈이어서 그 사람 현실에 비치고 있는데 못 이룰까봐 불안해 한다니까. 미쓰로, 자네가 그 소망을 품게 된 이유를 스스로 설명할 수 있나?

미쓰로 글쎄요. 어쩌다가겠죠, 뭐.

하느님 그럴 테지. 누구도 '그 꿈을 품은 이유'를 설명할 수는 없네. 왜냐하면 **우주가 그 사람에게 '그 꿈'을 안겨 줬기 때문**이야.

미쓰로 에이, 설명할 수 있는 사람도 있겠죠. 예를 들어 내 친구의 경우 아버지가 의사라서 의사가 되고 싶다고 했거든요.

하느님 그럼 묻겠네만 아버지를 의사로 만든 건 그 친구일까? 아니겠지?

그 친구가 '의사가 되고 싶다'고 생각하게 만든 환경은 이미 준비되어 있었어. '인연' 얘기할 때 말했을 텐데. 이 세상에 '자력'으로 할 수 있는 일 따위 하나도 없다고. 다시 말해 **그 친구가 품은 '꿈'도 우주가 그에게 보여 준 걸세.**

미쓰로 오, 그 말을 들으니 **꿈으로 가는 문턱이 단숨에 낮아졌어요.** 뭐든지 할 수 있을 것만 같아요. '안겨 줬다'는 말은 '내가 그리 되길 바란다'는 뜻이잖아요. 그렇죠?

하느님 그렇지. 자신의 힘으로 '이 길을 선택했다'고 믿고 있다가는 문턱은 계속 높아지기만 할 게야. 그의 아버지를 의사로 만든 건 그 친구가 아니었어. 우주의 흐름이 그 친구에게 '의사'를 선택하게 했다네. **온갖 수단으로 그 친구 입에서 '의사가 되고 싶다'는 소리가 나오게 했지.**

미쓰로 온갖 수단을 써서 안겨준 꿈…. 의사 되기 엄청 쉽겠는데요!

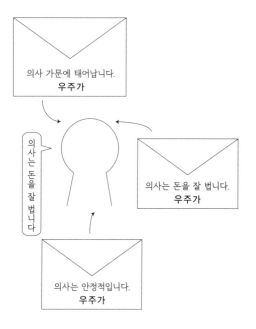

하느님 맞았어. 그런데도 자네들은 '부끄럽지만… 의사가 꿈입니다.' 하고 꿈의 문턱을 멋대로 높여 놓더군. 이루어져! 이루어질 것이라서 자네들 눈에 비치는 게야! 이치를 생각해 보면 뻔한 일 아닌가?

하고많은 직업 중에 왜 하필 '의사' 일까? 생각해 보게. 변호사나 카페집도 있고 보이스피싱 사기범도 있는데, 왜 '의사를 꿈꾸는 내가 여기 있을까' 하고.

미쓰로 진짜네. 나 어떡하죠? 내일 당장 의사가 될 듯한 기분이에요.

하느님 이봐! 자네 꿈은 의사가 아니잖아. 시인이라면서! 바보 같으니. 왜 자네가 의사가 될 듯한 기분이 들어?

미쓰로 (볼을 붉히며) 아니, 딱히 시인이 되고 싶은 건 아니고요….

하느님 쑥스러워 하긴. 꿈의 문턱이 높아졌어. 부끄러워서 '시인이 되고 싶다'는 말조차 못하고 있구먼.

미쓰로, 꿈을 품은 사람은 **'내 꿈만큼은' 문턱이 높다고 착각**하는 버릇이 있다네. '꿈은 이루어지지 않는 법'이라고 배웠기 때문이지. 이 문제를 해결하려고 친구가 존재하는 거야. 당신의 현실에 '타인'이 존재하는 이유라네. 자네는 '의사가 되고 싶다는 말은 부끄러워서 도저히…' 하고 말하는 사람이 바로 앞에 있으면 어떡할 텐가?

미쓰로 '그렇게 부끄러워할 일이 아니다'고 말해 주겠죠. 정
말로 부끄러운 일이 아니니까요. 시인에 비하면 의사
는 지극히 평범한 직업이잖아요.

하느님 그 친구는 정반대로 생각하고 있어. 그래서 **꿈이 있**
으면 타인에게 얘기하는 걸세. 타인이 가르침을 주거
든. '별거 아니야'라고. '너라면 할 수 있어'라고. **등**
을 다독여 줄 수 있는 사람은 언제나 타인뿐이라네.
자기 스스로 자기 등을 다독이는 모습 본 적 있나?

미쓰로 중국 기예단이 아니고서야 어림도 없죠. 자신의 등
을 스스로 다독이다니.

하느님 중국 기예단도 무리야. 게다가 꿈뿐만 아니라 '고민'도
똑같은 구조로 되어 있어. 어떤 사람에게는 심각한
고민도 다른 사람에게는 쓸데없는 고민이라네. 그런
데도 그 사람은 그 고민에 대해 신중하게 생각하지.

미쓰로 아, 가끔 있어요. **쓸데없는 고민을 안고 있는 사람** 말
이에요. 회사 동료 중에 립스틱을 30분에 한 번 고
치는 여자가 있었어요.
마침 한가해서 왜 그러는지 물어봤거든요. 그랬더니
떨리는 목소리로 "그날 그 사건, 기억 안 나?" 하며
말문을 열더라고요.

3년 전 거울을 보지 않고 립스틱을 바르는 바람에 '빨간 마스크' 같은 얼굴로 출근한 적이 있대요. **그 날부터 3년간 그 사건을 계속 잊지 못하고 고민하고 있었다고 하더군요.**

'그날 그 사건'이라고 대사건인 양 말하지만, 아무도 기억 못해요. 그녀만 혼자 계속 고민하고 있었던 거예요. '빨간 마스크 사건' 같은 쓸데없는 고민으로 3년씩이나 고민하다니! 행복한 사람이죠.

하느님   그 사람한테 자네 고민을 털어놓아 보게. 아마 그 사람도 이렇게 말할걸. "뭐? 그런 **쓸데없는 고민**을 하고 있어?"

미쓰로   아니죠, 내 고민이 훨씬 심각하잖아요! 빨간 마스크 화장 따위 별거 아니라고요. 세이키마쓰('세기말'이라는 뜻의 헤비메탈 밴드)를 보라고요! 보컬 입술이 어디까지 찢어져 있는지 알아요? 내 고민은 차원이 달라요! 사느냐 죽느냐의 문제를 안고 살고 있다 이 말이에요.

하느님   고민에 크고 작음 따위 없네. 고민하는 사람이 다를 뿐이지. **고민이란 '당사자'에게만 크게 보이는 법이지. 다른 사람은 현미경으로 들여다봐도 못 찾을걸.**

미쓰로   저기요, 무시하지 마세요. 내 고민이 뭔지 안 물어봐요?

하느님 라멘집에 가게, 카레집 말고. 자, 미쓰로. 고민하고 있는 사람을 보면 얘기를 들어주게나. 아마 그 사람은 계속 '고민'을 얘기하겠지. '얘기한 대로 현실이 된다'는 이 우주의 원칙을 모르나. 기왕 원칙을 배운 김에 자네가 예전에 배운 대로 '그럼 어떡하고 싶어?' 질문법을 써서 잘 이끌어 주게. **바라는 방향에 대해 스스로 얘기하도록 말일세.**

가장 중요한 건 '당신에게는 고민'임을 본인이 깨닫도록 하는 걸세.

미쓰로 내 고민을 가볍게 정리하지 말라고요! 오늘도 라멘인가…. 그나저나 당신, 난 입도 뻥긋 안 했는데 생사를 건 고민을 잘도 알아챘네요. 마치 하느님처럼.

하느님 '마치'는 무슨, 틀림없는 신이야! 정녕 자네한테만 천벌을 내려야겠어!

자, 미쓰로. **고민이란 말이야, '별거 아니다' 깨닫기 전까지만 고민이라네.** 그 사실만 깨달으면 절로 사라지거든. 자신이 멋대로 품은 환상이니까.

오늘도 전 세계 사람들은 하나같이 쓸데없는 고민을 안고 살고 있어.

하지만 '당사자에게는' 중요한 고민이라네. 심지어 자

신의 고민을 보물단지에 고이고이 넣어서 각자의 가
슴속에 장식하고 있는 것 같지 않나?

미쓰로　진짜 그러네요. 보물단지를 열기만 하면 다른 사람이
바로 웃어 줄 텐데.

하느님　인간들이여. **'오늘도 당신만 심각하게 그 문제를 계속
고민하고 있다'** 는 것이 진리라오. 누구든 자신 이외
의 누군가에게 그 소중한 보물단지 속에 있는 것을
감정해달라고 부탁하게. 감정 결과는 바로 나올 테
니.

미쓰로　(감정사 흉내를 내며) 사모님, 이건 허섭스레기네요.
지금 당장 버리세요.

> 그때 미쓰로의 휴대전화가 울렸다.

허니토스트　여보, 지금 바로 집에 올 수 있어요? 고쿠토의 친
구 아버지가 돌아가셨거든요, 당신이 문상 가서 밤새
워 줘야 할 것 같아요.

미쓰로　지금 괜찮아. 그럼 바로 갈게. 누구 아버지가 돌아가
셨는데?

허니토스트　고쿠토랑 제일 친한 고키의 아버지예요.

〈연습하기〉

자신이 멋대로 높여 놓은 꿈의 문턱을 낮추기 위해 친구에게
자신의 꿈을 나누고 '할 수 있어!' 하고 말해 달라고 합시다.
그리고 '자신의 고민은 자신만의 것임'을 깨닫기 위해 친구에
게 자신의 고민을 '웃어넘겨' 달라고 합시다.

오늘도 당신만이
그 문제를 심각하게
계속 고민하고 있다.

〈죽음〉을 생각하기보다는

전화를 끊자마자 나는 하느님에게 따지고 들었다.

미쓰로 왜 이렇게 잔인한 짓을 해요! 해도 너무하잖아요. 고키 군은 이제 어떻게 살라고. 아직 다섯 살밖에 안 됐는데! '눈앞에서 일어나는 모든 것은 그 사람이 바란 대로.' 당신이 멋있는 척 쉽게 말했죠. 하지만 그럴 리가 없잖아요. 고키 군이 그리 원했을 리가 없다고요! **'바람은 뭐든지 이루어진다'는 얘기 따위 하지 말아요!!**

하느님 그래, 자네 직성이 풀릴 때까지 날 책망하게. 주저 말고. 내 멱살을 잡고 '하느님은 바보'라며 울분을 터뜨리게. 소리를 질러서 자네들 마음의 울분이 풀린다면 내 기꺼이 인간의 샌드백이 되어 주지. 슬퍼하게.

울부짖게. 분노를 억누르지 말게. 그걸 위해 내가 여기 있는 것이니.

미쓰로 이 바보야! 이런 잔인한 우주를 만든 당신 따위, 죽어 버려! 제발 살려 줘요, 네? 당신은 신이잖아요?! 고키 군 아버지를 다시 살려내요!

하느님 아무리 나라도 그건 불가능해. 그 사람 '현실'에 본인이 바라지 않은 것은 신도 비출 수 없다네.

미쓰로 이 바보야! 너무하잖아…. 해도 해도 너무하다고…. 어흐흐.

하느님 조금씩 분이 풀리나? 미쓰로, 아직 남았으면 더 원망해도 된다네.

미쓰로 당신, 오늘 왜 이렇게 친절한 거예요. 그것도 마음에 안 든다고요. 괜히 더 슬퍼지잖아요!

하느님 화 좀 냈다고 자네들을 내치는 존재를 신이라 부를 수 있겠나? 과연 신이라 부르고 싶을까? 실컷 화내도 괜찮고 마음껏 욕해도 괜찮다네. 나는 모든 것을 견디는 힘을 지니고 있으니까.

인간은 **하느님에게 해서는 안 되는 말이 있다고 생각하지.** 허나 그렇지 않아. 난 기쁨만 보고 싶지는 않다네. 슬픔이나 괴로움도, 감당할 수 없는 절망과 한탄, 질투도 자네들 인간이 경험하는 것 모두를 체험하고 싶다네. 그래서 분리된 자네들이 우주의 그곳에 존재하는 걸세.

나에게 좋은 모습만 보이려고 하지 않아도 괜찮아. 언제나 마음을 겉으로 표출하게. 어떤 감정이든 다 말이야. 마음을 열면 분리의 벽은 언젠가 사라질 테니.

미쓰로 으흐흑…. 고마워요.

이제 좀 분이 풀렸지만 기왕 이렇게 된 거 실컷 화내도 돼요?

하느님 자네는 안 돼. 아까 그 말은 자네 빼고 모든 인간에게 한 대사거든.

미쓰로 장난해요?! 인종차별 반대! 아니, 미쓰로 차별 반대!

하느님 차별은 무슨. 자네는 평소에도 나한테 툭하면 분통을 터뜨리지 않나! 아까 그 얘기는 신 앞에서 얌전히 살고 있는 모든 사람에게 보내는 메시지일세. 자네를 뺀 전 인류용이지.

미쓰로, 인간은 '해서는 안 되는 일'이 있다고 생각해. 허나 **세상에 '안 되는 일'은 하나도 없다네.**

그리고 스스로 '안 된다'고 생각하고 있으니 그 일을 하면 당신은 벌을 받게 되겠지. 믿은 대로 이루어지는 현실을 스스로 만들어서 말일세.

미쓰로 안 되는 일은 없다, '안 된다'고 정한 일이 있다. 하긴 그렇겠네요. 하느님에게 선악까지 판단해 달라고 하기에는 너무 염치가 없죠. 참고로 사람은 죽으면 어떻게 되요?

하느님 굳이 지금 듣지 않아도 어차피 언젠간 죽을 테니 안심하게.

미쓰로 이봐, 이봐! 이보세요! 재미없는 농담 좀 불쑥 꺼내지 말라고요! '안심'요? 그 말을 듣기 전까진 마음이 훨씬 편했거든요.

하느님 이 세상에 태어나기 전 인간은 '이 세상에서 반드시 할 일'을 딱 하나 정했다네. 모든 인간에게 공통된 '꿈'이라고도 할 수 있지.

전 인류가 '이 세상에서 반드시 하겠다'고 정한 단한 가지…. 그게 바로 '죽음'이라네. 그러니 안심하게. 죽으면 어떻게 되는지 경험한 사람은 아무도 없으니까. 모두 언젠가는 죽게 되어 있어.

미쓰로 언젠가 경험한다는 건 알겠는데요, 그냥 지금 알려주시죠.

하느님 미쓰로, '죽음'은 100% 일어난다네.

그러니 '언젠가 반드시 경험하는 일'에 대해 질문할 시간이 있으면 '살아 있을 때 그 세계에서만 할 수 있는 다양한 일'을 체험하게. 모두가 반드시 경험하는 '죽음'과는 달리 '체험'은 사람의 해석만큼 다양하지. 그 사람만 겪을 수 있는 독특한 현상이거든.
'죽음'을 생각하기보다는 장미를 보러 꽃밭에 나가게. 예전에 가르쳤듯이 그것을 두고 어떤 이는 '붉다'고 말하고 어떤 이는 '날카롭다'고 말하지.
당신이 그것을 보면 어떻게 될까?
당신이 그것을 들으면 어떤 느낌일까?
그 답은 당신밖에 알 수가 없어.
신인 나조차 알 수 없지. 그 '체험'은 당신에게만 일

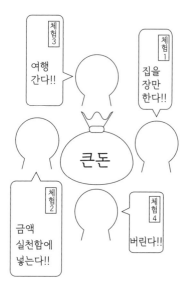

어나는 현상이니까.

미쓰로 하긴. 전 인류에게 확실히 일어날 일보다 그 사람에게만 일어날 체험의 수를 늘려야 이 우주도 기뻐할 테니까요.

하느님 맞았어. **중요한 건 오직 체험뿐**이라네.

어느 소년이 "밤은 왜 오는 거야?" 어머니에게 물었어. 계속 놀고만 싶었던 그 소년은 이렇게 생각했지. '밤이 영영 안 오면 좋을 텐데.' 밤이 왜 오는지만 알면 해가 넘어가지 않게 막은 다음 놀 수 있다고 생각했겠지.

그럴 때 어머니가 소년에게 해줄 수 있는 일은 뭘까? 지구는 태양 주위를 돌거든, 그러니까… 하고 이러쿵저러쿵 설명하면 될까?

뭘 어떻게 하든 소년의 어머니는 **밤을 막을 길이 없**네. 제 자식을 위한답시고 갖은 수를 쓴들 어쩔 수 없어. 그러니 소년의 어머니는 이렇게 말할 수밖에 없지.

"우리 아들 겐, 밤은 모든 사람에게 꼭 온단다. 하지만 밤까지 무엇을 하며 보내는지는 모든 사람마다 다르지. 자, 해가 지려면 아직 한참 있어야 하니 공원에라도 가서 놀다 오렴." 이 얘기가 소년의 어머니 같은 내 마음이네.

미쓰로   엄마! 으앙!

하느님   저리 가!

> 공원을 뒤로 한 미쓰로는 집에 들러 상복으로 갈아입
> 고 문상하러 갔다. 그곳에는 눈을 내리깐 채 고개를
> 푹 숙이고 있는 고키가 있었다.

미쓰로   고키야, 괜찮니? 사실 아저씨 아빠도 내가 아주 어렸을 적에 돌아가셨단다. 지금 네 나이랑 비슷할 때였지.

고키   그랬구나. 아저씨, 나 이제 아빠 못 만나?

미쓰로   아마 주위 어른들은 '못 만난다'고 대답하겠지. 그 사람들은 보이는 것만 믿거든. 이 아저씨는 어렸을 때 아빠가 돌아가셨지만 **그날부터 주욱 아빠랑 함께였어.**

고키   그게 무슨 뜻이야?

미쓰로   예를 들어서 학교에는 행사가 참 많지? 수업 참관도 있고 운동회도 있고 학예회도 있고. 모든 행사에 다 오는 아빠도 있니?

고키   없어. 일 때문에 바빠서 운동회 정도만 오거든.

미쓰로　고키야, **네 아빠는 다른 아이들 아빠보다 훌륭하시단다.** 오늘부터 학교 행사는 물론이고 모든 장소, 모든 시간에 너와 함께 계실 거거든.

　　　　하지만 아저씨도 어른이 되어서야 깨달았어. "죽었기에 주욱 함께 있어 줬구나." 하고 말이야. "살아 있었다면 오지 못했을 곳에도 와 줬구나." 하고.

고키　　죽었는데 주욱 함께 있어?

미쓰로　생각해 보렴, 살아 있으면 서로 다른 곳에서 생활하게 되잖니.

　　　　아빠에게는 아빠 일이 있고, 너에게는 네 학교가 있으니까. 제아무리 훌륭한 아빠라도 살아 있는 동안에는 아이와 주욱 함께 있어 주진 못하거든.

　　　　하지만 아저씨의 아빠랑 너의 아빠는 달라. **살아 있는 아빠가 절대 못하는 일을 죽은 아빠는 할 수 있단다.**

　　　　죽은 아빠는 죽은 아빠라서 좋은 점이 있어. 살아 있는 아빠는 살아 있는 아빠라서 좋은 점이 있고. 그럼, 우리 아빠들의 좋은 점을 찾는 편이 더 행복하지 않을까?

고키　　진짜네! 아저씨, 굉장하다. 죽은 아빠의 좋은 점을 찾아봐야겠어.

　　　　사실은 나, 하나도 안 슬퍼. 그래서 아빠가 죽은 날

에도 애니메이션을 봤어. 하지만 엄마는 계속 울고
친척도 다들 울었어. 그래서 내가 힘내라고 했거든.
"왜 울고 있어? 많이 웃는 편이 즐거운데!" 하고.
그랬다가 중학생 누나한테 혼났어.
"넌 마음도 없니. 슬퍼해야 하는 거야!" 하고.

미쓰로　어른들은 너에게 가르쳐 주려고 한 거란다. 자기들이
배운 방식을 말이야.

고키　나, 계속 웃고 싶었는데. 이틀 동안 "이제 만날 수 없
는데, 슬프지 않니?" 이 말 100번은 들었고 "주위 사
람들을 좀 보렴." 이 말도 여러 번 들었어.
그래서 이젠 알아. **사람이 죽으면 울어야 한다는 걸.**
그런데 아저씨가 와 줬어. 아저씨 얘기가 더 맞는 거
지?

미쓰로　아니, 어느 한 쪽만 맞는 건 아니란다. **어느 쪽이든
네가 믿으면 돼.**

고키　난 웃고 싶단 말이야! 훨씬 더 많이 웃고 싶어!…
어? 이상하네. 아저씨랑 얘기하고 나니까 막 눈물이
나와. 처음이야. 어제까지는 눈물이 하나도 안 났는
데. 흑흑….

미쓰로　그게 **자연스러운 눈물**이란다. **배워서 나오는 눈물**이
아니라 **진짜** 눈물이지. 그러니까 지금은 그냥 울어

버려. 울고 나면 실컷 웃을 수 있으니까.

고키는 미쓰로의 품에서 10분도 넘게 흐느꼈다. 그 광
경을 본 주위 어른들은 다른 종류의 눈물로 착각하며
바라봤지만 미쓰로만은 알고 있었다. 이 아이가 누구
보다 먼저 웃음 지으리라는 것을. 그리고 누구보다 먼
저 행복한 현실을 만들어 내리라는 것을.

미쓰로 이제 시원하니?

고키 응. 고마워, 진짜 시원해! 있잖아, 아저씨랑 우리 아
빠가 '죽어서 언제나 주욱 함께 있을 수 있다'는 건
우리 둘만의 비밀로 하지 않을래?

미쓰로 좋아. 아무한테도 말 안 할게. 몇 년쯤 지나서 네가
어른이 되면 너도 누군가에게 가르쳐 주렴. 누군가
에게 용기가 될 테니까.

고키 아저씨가 나한테 많은 용기를 준 것처럼? 좋아, 새끼
손가락 걸고 꼭꼭 약속해!

미쓰로 있지, 고쿠토는 너를 참 좋아한단다. 집에서 언제나
네 얘기를 하거든. 그래서 아저씨한테 넌 내 아들이
나 마찬가지야. '살아 있는 아빠'한테 부탁하고 싶은
일이 있으면 언제든지 집에 놀러 오렴.
'죽은 아빠'가 할 수 있는 일에 비하면 의외로 별로

없지만 말이야. 캐치볼 정도는 할 수 있거든.

고키   응, 알았어. 죽은 아빠가 할 수 없는 일이 있으면 놀러갈게.

새끼손가락 걸고 약속한 고키는 유족석에 돌아가서 미쓰로를 보고 앉았다. 누구보다 씩씩한 표정으로 울지도 웃지도 않았다.

〈연습하기〉

주저하지 말고 감정을 발산합시다. 상대가 없다면 하느님에게 터뜨려도 좋습니다.

'죽음' 이외의
모든 '체험'은
오직 당신만의 것.

〈언젠가〉가 아니라 지금 당장!

> 이튿날 오후, 미쓰로는 출장차 하네다행 비행기에 몸을 실었다.

하느님　비행기는 참 좋구만. 현실에서 잠시나마 벗어날 수 있어. 지상에 있으면 알 수가 없지만, **비가 억수같이 퍼붓는 날이나 태풍이 휘몰아치는 날에도 구름 위에는 늘 맑은 하늘이 있으니** 말일세.

　　　　인간도 마찬가지라네. 눈앞의 현실에서 문득 눈을 돌리면 그곳에는 본래부터 행복밖에 없거든. **맑은 하늘 아래에서 태풍이 불고 있을 뿐**이니까.

　　　　게다가 제멋대로 태풍을 일으키는 게 누구였지?

미쓰로　아라시(태풍이라는 뜻. 일본 대형 연예기획사 자니스 소속의 인기 아이돌 그룹)를 일으키는…? 자니스 사무소였던가?

하느님 이 비행기, 확 떨어뜨려 버릴까?

미쓰로 본인이요, 본인! 맑은 하늘 아래에서 멋대로 태풍을 일으키는 사람은 본인입니다. '현실'을 구축하는 [The 본인] 말이에요. 에구, 놀래라. 농담도 안 통해요.

하느님 맞았어. 행복이 넘치는 공간에서 '본인'이 눈앞의 현실에다 불행을 열심히 비추고 있을 뿐이지.

사실 구름 위 하늘은 맑아. 그런데도 **현실이라는 거울에서 본인만 눈을 돌리지 못하고 계속 불행만 바라보고 있다**네.

미쓰로, 그럴 때에는 여행을 떠나게.

미쓰로 지금 하고 있는 게 여행인데요. 바보 아니에요? 우리 둘이 함께 구름 위에 있잖아요.

하느님 아, 그렇군. 그나저나 한가롭구먼. 흥얼흥얼. 거기 있는 젊은이. 한가한데 소원이나 하나 들어줄까?

미쓰로 예? 거의 2년 내내 함께 했는데 혹시나 했던 그 발언을 이제야⋯. 당신, 진짜로 소원을 이루어 주는 능력이 있었어요? 그런 말은 처음 본 날 했어야죠. 좋아요, 그럼 일단 30조 원만 주시죠.

하느님 겨우 30조 원 갖고 되겠나?

미쓰로   되고말고요! 계산해 보니까 30조 원까지는 다 쓸 수 있는데, 40조 원은 무리거든요. 진짜 거추장스러워요. 그 산더미 같은 종이 쓰레기, 보관하기도 난감하겠죠.

오오, 성스러운 신이여. 저는 30조 원 정도면 충분합니다.

하느님   언제 받을 텐가?

미쓰로   출장에서 돌아오고 나서가 좋겠네요. 도쿄에서 30조 원 들고 돌아다니기는 싫거든요. 내일 30조 원 주세요!

하느님   **수리수리 마수리 짜잔! 자, 이루어졌네.**

미쓰로   네? 진짜로요? 세상에서 제일 허술해 보이는 주문으로요!? 하지만 기분 최고네요! 고맙습니다!

참 그렇지, 이제 30조 원이 들어올 텐데 이 출장 그냥 취소해 버릴까. 일할 필요가 없잖아! 좋았어, 좀 늦었지만 좌석도 1등석으로 바꿔야겠다. 딩동, 승무원 님 여기로 와 주세용♪ 여기 곧 벼락부자가 될 사람이 있답니다. 야호! 내일 난 30조 원을 가지게 된다네.

하느님   잘됐군. 꿈은 언제나 이루어지고 있어. 내일 자네는 [내일 30조 원이 들어온다]가 이루어질 게야. 운 좋은 녀석 같으니!

미쓰로   뭐라고요? 저기요, 승무원 언니. 1등석 변경 건은 취소할게요. 뭔가 심상치 않은 조짐이 보이기 시작했거든요.

거기 있는 괴짜 아저씨. **내일도 '내일 30조 원이 들어온다'가 이루어진다**니 무슨 말이에요?

하느님   자네 꿈은 [내일 30조 원이 들어오는 것]이지? 당연히 내일도 그 꿈이 이루어질 걸세.

미쓰로   네? 내일도 [내일 30조 원이 들어온다]가 이루어지면 난 영원히 30조 원을 가질 수 없잖아요!

어차피 내일 모레에도 [내일 30조 원이 들어온다]가 계속 이루어진다고 하겠죠?

사기꾼이에요? 내가 말도 아니고, 눈앞에 당근 매달고 달리게 하지 말라고요.

하느님   **자네 소원이 [내일 30조 원이 들어온다]라면서.**

미쓰로   참 나, 알았어요. 그럼 [3시간 후에 30조 원이 들어온다]는 꿈으로 바꿀래요.

하느님   **수리수리 마수리! 오케이! 이루어졌어.** 3시간 후 자네는 30조 원을 얻게 돼. 드디어 해냈군! 3시간 후에 파티를 열까? 3시간 후에 '3시간 후에 30조 원이 들어온다'는 꿈이 이루어질 테니까 젊은 양반, 부럽군.

좋겠어!

미쓰로 부럽긴 뭐가요. 누굴 놀려요? 3시간 후에 '3시간 후에 30조 원이 들어온다'가 이루진다는 건 이번에도 영영 손에 안 들어온다는 뜻이잖아요.

하느님 '3시간 후에 30조 원'을 이루려면 그럴 수밖에 없지 않은가.

미쓰로 알았어요. 그럼 '1분 후에 30조 원'으로 바꿀래요.

하느님 수리수리 마수리! 오케이! 이루어졌다!
기쁘하게! 1분 후에도 '1분 후에 30조 원'의 꿈이 이루어질 테니.

미쓰로 그러니까 **왜 1분 후에도 '1분 후에 30조 원'이 이루**

어지냐고요? 1분 후에 이루어지는 건 '0분 후 30조 원' 아니에요?

하느님 자네, 언제 소원을 '0분 후에 30조 원'으로 바꿨나? 난 금시초문이네만.

미쓰로 그럼 당장 변경할게요! 나의 소원은 '0분 후에 30조 원'이라오. 자, 들어주시오! 지금 당장 내 앞에 30조 원을 내놓으시죠.

하느님 자네 뇌 속에 있는 '지금 당장 내 앞에 30조 원을 내놓으시죠'라는 소원의 이미지 그림을 확대해 봄세. 0.1초 후에 내가 마법지팡이를 허공에서 흔들고 그 0.1초 후에 번개가 치고 또 0.01초 뒤에 하늘에서 30조 원이 떨어져. 이게 **'지금 당장 내 앞에 30조 원을 내놓으시죠'라는 소원을 확대한 그림**이야. 맞지? 제대로 이루어졌는데.

미쓰로 하나도 안 이루어졌거든요! 30조 원이 어디 있어요?

하느님 자네 소원은 '0.01초 후에 하늘에서 30조 원'일 텐데? 이미 이루어졌다니까.
물론 0.01초 후에도 **'0.01초 후에 30조 원'이 이루어지겠지만.** 언제나 소원대로 이루어진다네.

미쓰로 앗! 잠깐만요. 그럼 0.01초 후가 됐건 0.000001초 후가 됐건 영원히 30조 원을 못 얻는다는 뜻이잖아요!

그렇다면 내 소원은 '언젠가 30조 원을 주세요' 라는 뜻이고, 그 소원이 이루어지면 '언젠가 30조 원이 들어온다.' 이렇게 되는군요!

하느님   맞았어. **'언젠가'라고 바라면 '언젠가' 이루어지지. 그리고 '언젠가'는 아무리 기다려도 결코 오지 않는다네.** 내일이 되어도 계속 '언젠가'일 테니까 말이야. 그런데도 자네들은 늘 '언젠가 행복하게 해 주세요' 라고 바라지. 바보가 따로 없어.

하지만 바보의 소원도 우주는 충실하게 이루어 준다고!

자네는 '언젠가' 행복해질 수 있어. 오늘도 내일도 내일모레도 **'언젠가 행복해질 수 있다'** 네.

미쓰로   아, 이렇게 멍청하다니! '언젠가 행복해지고 싶다'는 소원은 눈앞에서 이루어져 있었는데 말이죠. 지금도 계속 '언젠가 행복해지고 싶다'가 눈앞에서 이루어지고 있다니! 내일도 '언젠가 행복해지고 싶다'는 소원은 계속 이루어질 테고…. 모레도, 그 다음 날도 '언젠가는 행복해질 수 있겠군요!'

하느님   그렇지. 자네들 소원은 항상 눈앞에서 정확히 이루어지고 있어. 소원의 주인이 '언젠가'라고 바라고 있을 뿐이지.

반드시 이루어질 걸세. **자네는 '언젠가' 행복해질 수
있어.**

미쓰로 　하지만 내가 행복해지고 싶은 건 '언젠가'가 아니라
지금 당장인데요?

하느님 　그럼, 그리 말하게.

미쓰로 　알았어요. 난 지금 30조 원을 갖고 있다!

하느님 　자네, 진짜로 바보지?

'30조 원을 갖고 있다, 이렇게 말하면 30조 원이 나
올 거야. 30조 원이여, 지금 당장 나와라!'

이렇게 말하고 있다니까? 아까하고 똑같지 않은가.

'지금 당장'을 확대해 보면 결국 0.001초 후라는 얘
기야. 자네가 바라는 대로 0.001초 후 30조 원이 나
올거네.

미쓰로 　나 참, 대체 어쩌라는 거예요! 나한테 없는 걸 어쩌
라고요.

하느님 　그럼 가진 것을 바라면 되지.

미쓰로 　이미 있는 것을요? 그게 소원을 들어주는 거예요?!
사기잖아요.

하느님 　가지지 않은 것을 빌어 봤자 아무 의미도 없었지?

미쓰로 　그렇긴 하죠. 그럼, 가진 것을 빌어 봐야지. 하느님,

나에게는 저축이 1,000만 원 있습니다. 이 소원을 들어주십시오.

하느님 자, 이루어졌습니다.

미쓰로 저, 정말이네. 저축이 1,000만 원이나 있어! 이, 이루어졌다! 이럴 줄 알고?! 누굴 바보로 아나. 이미 이루어져 있었으니 '이루어졌다'가 아니죠. 점잖은 얼굴로 '자, 이루어졌습니다.' 잘난 척하며 말할 때예요? 당신하고 상관없이 이 소원은 원래부터 이루어져 있던 거잖아요!

하느님 자네 말이 맞네, 모든 소원은 나하고 상관없이 이루어져 있어!

'언젠가 30조 원을 갖고 싶다'는 소원은 늘 이루어졌어. 오늘도 내일도 모레도 자네 바람대로 '언젠가 30조 원'을 얻게 돼.

그리고 '지금 1,000만 원이 있다'는 소원도 늘 이루어졌지. 자네는 지금 1,000만 원을 갖고 있으니까.

자, 나하고 상관없이 두 소원 다 이루어졌지 않은가.

미쓰로 하지만 '언젠가' 1,000만 원을 손에 넣고 싶다고 했던 내가 지금 실제로 1,000만 원을 갖고 있으니 '언젠가'의 꿈이 이루어진 거잖아요!

하느님 그건 자네가 서서히 착각에 빠졌기 때문이야. **'언젠**

가 갖고 싶다'를 **'지금 있다'**로 말일세.

하느님 맨 처음 자네는 '지금 1,000만 원이 있다'고 믿지 못
했어. 그래서 '언젠가 1,000만 원이 갖고 싶다'며 올
리 없는 '언젠가'를 바랐지.

그런데 자네에게는 '일하면 돈을 벌 수 있다'는 고정
관념이 있었어. 그 믿음대로 고생하며 일하는 과정
에서 **'언젠가 1,000만 원이 갖고 싶다'**는 소원이 서
서히 변해서 **'지금 1,000만 원을 갖고 있다'**고 믿을
수 있게 되었다네.

미쓰로 그럼, 관념은 편리한 거네요! 그 녀석 덕분에 '지금
1,000만 원'을 믿을 수 있게 되었으니까요. **영원히
오지 않을 '언젠가'의 함정에서 탈출했고요.**

하느님 3년 걸려서 '언젠가'를 '지금'으로 바꿨는데? 너무
느려!

어떤 이에게는 '쉽게 돈 벌 수 있다'는 고정관념이 있
어. 이 사람도 처음에는 '언젠가 1,000만 원'을 바라
겠지. **하지만 1시간 후에는 '지금 1,000만 원을 갖고
있다'는 믿음을 갖게 된다네.**

미쓰로 엄청 빠르네요! 아마 시급 1,000만 원 받는 골드만
삭스 소속일걸요.

하느님 미쓰로, '언젠가 행복해지고 싶다'고 말하는 사람의

소원은 늘 이루어졌어. 그 사람은 오늘도 내일도 모레도 '언젠가 행복해질' 거라네.

그리고 이 사람은 '노력한다'는 고정관념을 거쳐서 언젠가 '지금 행복하다'고 말할 날이 오겠지.

그런데 '고생'도 '돈'도 고정관념도 거치지 않고 '지금 행복하다'고 생각할 수 있는 사람은 지금 바로 행복해질 수 있다네.

자네는 3년 만에 '지금 행복하다'고 말했어.

하지만 '고생'도, '쉽게'도 거치지 않고 그 두 가지가 합친 '돈'을 거치지 않고도 '지금 행복하다'고 말할 수 있지 않을까?

그래서 **행복한 사람은 이미 행복**하다네. **아무 이유도 없이 지금 바로 여기에서 행복한** 게야.

미쓰로 하지만 난 30조 원이 없으면 행복하지 않다고요. 불행히도 그런 특수 체질이란 말이에요.

하느님 별로 상관없네. 아마 자네는 돈을 좇아 '언젠가'를 원하겠지. 그리고 오지도 않을 '언젠가'를 좇으며 계속 괴로워할 테고.

미쓰로 하지만 내가 언젠가 '언젠가 행복해지고 싶다'는 소원을 '지금 행복하다'고 바꾸면 되잖아요.

하느님 그러니까 그걸 '지금 당장 이 자리에서 할 수 있다'고!

바로 여기서, 지금!

'돈'을 거치면 그와 연결된 관념인 '노력'도 거쳐야 하네. 왜냐, 자네는 '돈을 벌기 위해'서는 '노력이 필요' 하다고 믿고 있으니까. 결국 '언젠가' 행복해지기 위해 자네는 언제까지나 '지금'을 희생하고 '노력'을 계속하며 괴로워하게 된다네.

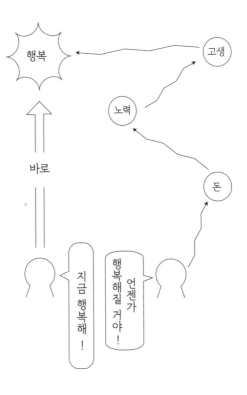

행복해질 수 있는 '지금'을 희생한 채 '언젠가'를 좇기 시작하지. '노력'하지 않고 순식간에 '지금' 행복해질 수 있다고 내가 몇 번이나 말하고 있는데도 말일세.

미쓰로 그 말을 들으니 '언젠가 행복해지고 싶다' 보다 '지금 행복하다'고 말하는 쪽이 편할 것 같네요.

하느님 할 것 같다가 아니라 사실이 그렇다고! '언젠가 행복해지고 싶다'도 물론 소중한 소원이라네.

허나 그것을 이루면 어찌 된다고 했지?

미쓰로 오늘도 〈언젠가〉 행복해지고 싶다'가 이루어지고 내일도 〈언젠가〉 행복해지고 싶다'가 이루어진다. **본인의 바람이 '되고 싶다'니까 '되고 싶다'가 이루어진다고 했죠.**

참나! '되고 싶다'고 바라는 놈은 죄다 바보네요. 왜냐하면 결국 **이루어지는 건 '되고 싶다'**니까요. 언제까지고 '되고 싶다'가 이루어질 뿐이잖아요! 우리가 이루고 싶은 건 '되어 있다'인데, 그 직전에 동작이 정지되어 있는 느낌이잖아요!! **꿈은 '되어 있다' 군요!! '되고 싶다'가 아니라!! '부자가 되고 싶다'가 꿈이 아니라 '부자다'가 꿈이다! '행복해지고 싶다'가 꿈이 아니라 '행복하다'가 꿈이다!**

하느님 그 얘기를 여기까지 오는 두 시간 내내 하고 있지 않은가. **'되고 싶다' 따위 이루어서 뭐가 즐겁지?** '되어 있는' 상태가 꿈 아닌가? 허면 '행복해지고 싶다'고 하지 말게. '나는 행복하다'고 말하도록 해.

미쓰로 말씀하신 대로입니다! 이제 동작 정지 상태에서 벗어나렵니다. '부자가 되고 싶다'가 아니라 '부자다'라고 착각해야겠어요.

하느님 그래야지. 어차피 모든 건 착각이라네. '행복하다'는 느낌도 '불행하다'는 느낌도 당사자만의 착각일 뿐일세. **'부자다'라고 중얼거리면 자신의 주위에서 부자인 이유를 찾게 되지.**

· 저금 1,000만 원
· 회사의 상여금 제도
· 부모가 준 비상금

찾으면 보인다네.

한편 '부자가 되고 싶다'고 중얼거리면 [부자가 아닌 이유]를 찾기 시작하겠지. 이것도 금방 찾을 수 있어.

· 30조 원이 없다
· 호화 저택이 없다
· 외제차가 없다

부족함을 보면 영원히 '되고 싶다'를 꿈꾸게 돼. 물론 '되고 싶다'는 계속 이루어지겠지만 자네들 꿈은 '되어 있다'지 않았던가?

그렇다면 '부자'도 거치지 말고 **'지금 행복하다'고 당장 바라게.**

미쓰로 글로 쓰니 좀 이상하지만 뭐니 뭐니 해도 **'지금 행복하다'고 비는 게 최고네요.** '언젠가'를 추구하면 괴로워진다. '지금'을 누리면 이미 행복하다.

그래, 이제 아무것도 경유하지 않고 직접 목적지에 도착할 테다! 비행기도 내려 버리자고요! 딩동, 다음 역에서 내립니다.

하느님 버스도 아닌데 그런다고 내려지나!

〈연습하기〉

언젠가라는 환상을 버리고 지금을 즐깁시다. '지금'에는 모든 '언젠가'가 포함되어 있습니다.

'언젠가'는 영원히
'지금'을 찾아오지 않는다.

후회해도 괜찮아!

> 도쿄에 도착한 미쓰로는 캐리어를 끌며 시부야역에 있는 도쿄 최대의 서점으로 들어갔다.

하느님   응? 설마 허위 출장?

미쓰로   허위 아니거든요. 저녁에는 제대로 일할 거예요. 내키지는 않지만 동종업계 단체의 전국조직회의가 있거든요. 그때까지 여섯 시간이나 남아서 시간 좀 때우려고요.

하느님   직원에게 한 시간짜리 회의에 가라고 여섯 시간이나 남는 시간을 주다니, 자네 사장도 제정신이 아니군. 감사하게, 그런 천국 같은 회사에서 일할 수 있음을.

미쓰로   감사하긴 하죠. 그런데요, 사실 회사 그만두려고요.

하느님   알고 있어. 나는 신이니까.

미쓰로 알고 있었어요?! 괜히 심각하게 말했네. 뭐든지 다 알고 있다면 당신과 더 이상 얘기할 필요가 없잖아요.

하느님 자네는 꿈을 향해 걷기 시작했어. 정확히 말하면 **우주가 자네를 꿈 쪽으로 끌어당기고 있지.** 저항해도 소용없어. 언젠가는 반드시 그 길을 걷게 되어 있거든. 자, 미쓰로. 타인에게 뭔가를 주기 위해서는 어떻게 해야 할까?

미쓰로 타인에게 뭔가를 준다? 내가 가진 게 많으면 줄 수 있지 않을까요?

하느님 맞았어. **없는 것을 남에게 줄 수는 없지. 자네는 용기를 주는 일을 할 테니 '용기'는 자네에게 밑천이 되는 셈이야.** 사실 **모든 직업에는 '타인에게 행복을 준다'는 공통점**이 있다네. 라멘집도 교사도 의사도 '타인에게 행복을 주는' 일을 업으로 삼고 있어. 이게 무슨 뜻일까?

그 사람 자신이 행복하지 않으면 직업이 되지 못한다는 말일세.

미쓰로 정말 그러네!! 직업이 뭐가 됐든 우선 자신이 행복하지 않으면 뭐 하나도 제대로 할 수 없겠네요.

하느님 미쓰로, **'나는 이미 갖고 있다'**고 믿게나.

실제로 이미 당신은 내면에 모든 걸 갖고 있어. 갖고 있다는 사실을 굳게 믿기만 하면 자연스레 나올 게 야. 그러면 그것을 누군가에게 나누어 주게. 그러다 보면 언젠가는 그것이 자네의 새로운 직업이 되어 있을 테니.

미쓰로 고마워요. 난 '있는 남자'라고 착각하기만 하면 되겠 네요. 이거, 쉽겠는데. 우연하게도 착각은 내 주특기 란 말이죠.

자, 그럼 슬슬 새로운 일에 참고할 책이라도 찾아볼까. 그나저나 당신에게 워낙 많은 진실을 배운 덕분에 이 많은 책이 보잘것없어 보이네요.

하느님 타인을 비판하면 안 돼. 모든 것을 인정하지 않는 한 당신은 행복할 수 없으니까.

미쓰로 어라? 그럼 당신도 '타인을 비판하면 안 된다'고 말 하며 **나를 비판하면 안 되지 않나요?** 남을 비판하면 안 된다면서요? 그럼 '남을 비판한' 나를 비판하면 안 되죠.

하느님 허면 '타인을 비판하는 미쓰로를 비판하는 나'를 비 판하면 안 되지.

미쓰로 아니, 그러니까 나한테 그러면 '안 된다'고 말하면 '타인을 비판하는 나를 비판하는 신을 비판하는 나를 비판하게' 되니까 '안 되잖아요?' 잠깐만요. 여기서 내가 또 '안 되잖아요'라고 말하면 '안 되겠죠?' 어? 또 말해 버렸네! '안 돼'라는 말 하면 '안 되'는데. 이런!

하느님   그래. 사실 **'타인을 비판하면 안 됩니다'라는 말 자체에 이미 모순이 있다네.** 왜냐, 그것도 비판이니까. '비판하면 안 된다'를 비판하고 있지. '안 돼'라는 말은 해서는 '안 된다'네.

미쓰로   저기요, 당신이 방금 또 말했거든요. '안 된다'고. 아니, 설마 당신도 이 게임은 공략 못해요?

하느님   못해. 의견은 전부 비판이니까.

다른 세계와 분리된 이 세계에서 뭔가 의견을 내놓으면 **뭔가에 대해 '안 된다'고 말하는 것과 마찬가지야.** '나는 평화가 좋다'고 선언한 활동가조차 저도 모르게 '전쟁은 안 된다'고 말하고 있어. '모든 사람과 사이좋게 지냅시다. 러브 앤드 피스!' 이러면서 군인하고만 사이좋게 지내지 않다니, 말이 되나? 엄청난 모순이지. 그래 가지고 평화주의자라 할 수 있냐는 말이야. 이처럼 **이 세상에서는 [의견을 말하는] 시점에 반드시 모순이 생긴다네.**

미쓰로   그럼 어떡할까요? 아무 말도 하지 말고 죽을까요?

하느님 'NO'라고 하니까 비판이 되는 게야. 모든 것에 대해 'YES'라고 말하면 된다네. 모든 의견을 인정하면 돼. 모든 존재에 대해 '그래도 괜찮다'고 인정해 주면 모순 따위 생길 턱이 없지.

미쓰로 하지만 그거야말로 모순 아닌가요? 모든 것에 'YES'라고 하려면 평화운동가에게 '평화는 멋져요. YES, 평화!' 하고 말하면서 기관총을 들고 평화운동가의 집회를 공격한 군인에게 '전쟁은 멋져요. YES, 전쟁!' 이라고 말해야 하잖아요. 배신자 아니에요? '대체 넌 어느 쪽이냐!' 열받은 양쪽 세력 모두에게 처형될걸요. 양쪽 편에 미움만 사고 비참하기 짝이 없잖아요!

하느님 처형되면 좀 어떤가. 내가 모든 것에 대해 'YES'라 말하라고 했지. 헌데 어째서 모순에만 'NO'라고 하지? 모순이 생기면 좀 어떤가. **'모순'도 인정하지 않고서 어떻게 모든 것에 'YES'라고 말했다고 볼 수 있지?** 전쟁도 'YES', 평화도 'YES', 그로 인해 발생한 모순도 'YES'라고 말할 수 있을 때, 비로소 모든 것에 'YES'라고 말했다고 볼 수 있어.

'모순'까지 포함해서 이 세상에 존재하는 모든 의견을 인정하게 된 셈이지.

미쓰로	진짜네! 난 왜 '모순만은 안 된다'고 생각했지? '평화운동가여, 멋집니다', '군인 아저씨도 멋지군요', 그리고 두 사람에 '멋지다'고 말한 탓에 양쪽 편에게 비난당하는 나도 멋진거네요.
하느님	용케 거기까지 이해했군. 자, 이 서점에는 책이 100만 권 있어. 모든 책에 들어 있는 가르침이 멋지다네. 그중에서도 **내 가르침이 제일 멋지고!**
미쓰로	엥? 갑자기 자기 자랑 모드?
하느님	사실인 걸 어쩌겠나. 이곳에 있는 100만 개의 가르침 중 내 가르침이 가장 멋지다고.
미쓰로	'모든 것이 멋지다'고 방금 전에 말했잖아요. 바보예요?
하느님	'모든 것이 멋지다'고 내 분명 말했지. 헌데 어째서 [내 가르침이 제일 멋지다]는 의견만 '안 된다'고 하나? 이것도 멋진 의견이잖아. 미쓰로, 여기 있는 100만 개의 가르침 중에서 내 가르침이 가장 멋지다네.
미쓰로	장난 아닌데!! 그 얘기를 들으니 **모순을 인정하는 자세, 그거 꽤 어려운 거 아니에요?**
하느님	그렇다네. 자네들은 '한쪽' 의견만 인정하는 습성이 있어. **하나의 정답만 있다고 늘 생각하지.** 그러니까 모순을 절대 받아들이지 못하는 걸세.

'100만 개의 가르침 전부가 멋지다'는 의견과 '하지만 내 가르침이 제일 멋지다'는 의견 사이에 생기는 '모순'을 인정하지 못해. 어느 한쪽만을 인정하려고 하니 그럴 수밖에. 양쪽 모두를 인정하지 못하니까 **'누군가를 칭찬하라'는 말을 들으면 바로 '나는 멋지지 않다'는 생각부터 하지.** 틀렸어! 완전 틀렸다고! 내 가르침은 그렇게 저속하지 않아.

당신이 제일 멋진 사람이야. 그리고 당신 이외의 모든 사람은 더 멋지고. 그리고 그 이상으로 당신이 가장 멋지다네.

미쓰로　이런, 머릿속에서 자꾸 한쪽만 지지하게 돼요. '가장' 멋진 쪽은 '모두'인지 아니면 '나'인지 둘 중 하나만 정답인 것만 같아요.

하느님　이 '모순의 벽'을 극복하는 마법의 주문을 가르쳐주지. 바로 이거라네. **'괜찮아!'**

미쓰로　네? 엄청 간단하잖아요! '괜찮아!' 하고 말하기만 하면 된다고요?

하느님　괜찮아!

미쓰로　이거, 금방 잊어버릴 것 같은데.

하느님　잊어버려도 괜찮아!

미쓰로　네? 잊어버리지 않는 편이 좋지 않아요?

하느님 물론 잊어버리지 않는 편이 괜찮지!

미쓰로 어느 쪽이에요!!

하느님 어느 쪽이든 괜찮아!

미쓰로 굉장한데! 진짜 마법의 주문이네요! 그저 '괜찮아!' 라고 말하기만 하면 모순까지 포함해 모든 것을 인정할 수 있겠어요!!

하느님 이 주문을 외우는 요령은 **언제나 '말끝마다' 붙이면 된다네.** 이 세계에서 부정적인 생각을 하면 어떻게 된다고 했지?

미쓰로 사고가 현실화되어 부정적인 세계를 구축하게 되죠.

하느님 맞았어. 그 가르침을 배운 어떤 사람은 부정적인 생각을 하지 않도록 노력했지. 하지만 그도 인간인데 어쩌겠나. 어느 날 부정적인 생각이 그 사람 머릿속에 떠오르고 말았어. 그때 그는 '큰일 났네, 부정적 생각을 하고 말았어.' 라고 생각했지.

그런데 말이야, 부정적인 일이 떠오르고 나서 '부정적인 생각을 해 버렸지만 뭐, 괜찮겠지.' 이렇게 생각하면 어떻게 될까?

미쓰로 그렇군요. 부정적인 일이 되지 않겠네요! **'부정적인 생각'을 부정적으로 받아들이지 않으니까요!**

하느님 그렇지. **마지막에 남는 감정만 중요하다네.**

왜냐, 자네들은 늘 맨 뒤쪽의 '지금'이라는 지점에 서 있으니까.

부정적인 생각 자체는 나쁘지 않아. **부정적인 생각을 나쁘다고** 생각하는 게 나쁘다네. 지금 생각만 중요하거든. 즉, 언제든지 모든 감정에 종지부를 찍을 수 있다는 얘기야. 그 주문이 '괜찮아!'라네.

우울해도 '괜찮아!'

울어도 '괜찮아!'

절망해도 '괜찮아!'

누가 '슬픔을 나쁜 일'이라고 했을까? 바로 당신이라네. 슬퍼하고 나서 '슬픔은 나쁘다'라고 말해 버리면 부정적인 상태로 영영 남게 되지.

화내게, 괜찮으니까.

후회하게, 괜찮으니까!

한탄하게, 괜찮으니까!

그리고 마지막에 모든 것에 종지부를 찍게. **어떤 감정이 생겨도 괜찮아!** 하고.

미쓰로 이거 최고의 비결이네요. 자기계발서를 읽다가 '부정적인 생각을 하면 안 된다'는 가르침만 접하고 떠나 버린 내 친구가 불쌍해요!

부정적인 생각을 하고 '큰일 났네!'라는 생각을 안

하면 괜찮아!

하느님 바로 그거야. 사실은 굉장히 간단한 얘기라네.

자, 오셀로 게임을 떠올려 보게.

나쁜 생각은 '검은 말', 좋은 생각은 '흰 말'이라고 상상하자고.

예를 들어, 지금껏 아무리 나쁜 생각을 해 왔다고 해도 가장 나중에 '흰 돌'을 놓았다면 과거의 모든 오셀로가 '흰 돌'이 되지? 그러니까 바로 지금 '괜찮아!'라고 말하면 괜찮다네!

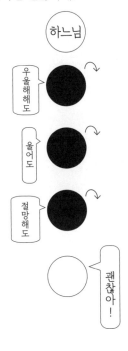

물론 말하지 못해도 괜찮아. 말하지 못했다는 사실을 '나쁘다'고 생각하지 않으면 괜찮으니까!

인간들이여, 이제까지 무수하게 나열한 모든 오셀로의 건너편 구석에 내가 흰 오셀로를 놓아두었다네. 그러니 언제든 '지금 괜찮아!' 하기만 하면 부정적 감정은 모두 긍정적인 방향으로 뒤집힌다네.

미쓰로   지금 괜찮다고만 생각하면 지금까지 일어났던 일 모두가 괜찮다는 거죠? 아니지, '안 된다'는 말을 들어도 괜찮겠구나. 저녁 회의에 지각해도 괜찮아!

하느님   그건 안 돼.

미쓰로   쳇. 이대로 죽 놀다가 가려고 했는데. 하지만 당신에게 배운 게 정말 많아요. **난 이 서점에 있는 100만 개의 가르침보다 당신의 가르침이 훨씬 좋아요. 고맙습니다.**

하느님   …(화끈).

미쓰로   쑥스러워 갑자기 할 말을 잊으셨네요!

저녁 회의는 당초 예상대로 결렬되었다. 각 회사의 의견이 어긋나 전혀 합의점에 도달하지 못한 채 30분이 지났을 즈음, 미쓰로는 손을 들었다.

미쓰로   A사가 어떤 마음인지 충분히 이해가 갑니다. 그리고
그에 반대하는 B사측 의견도 사실 충분히 이해가 갑
니다.

같은 업계니까 어느 쪽 경험이든 있으실 것 아닙니
까. 여기 계신 참석자 전원이 **어느 쪽 의견도 옳다고
생각하고 있기에 마음속에 생긴 모순을 말하지 못하
고 앉아 있다고** 봅니다. 하지만 모순이란 나쁜 것일
까요? 그렇지 않다고 생각합니다.

일도 그렇습니다. 매일같이 모순의 연속입니다. '오른
쪽으로 가라'고 상사가 지시하는가 싶더니 다음 날
에는 '왼쪽으로 가라'고 하죠. 그러면 우리는 그 모
순 때문에 고민합니다. 하지만 오늘까지 겪은 모든
모순은 헛되지 않았다고 믿습니다. **그 덕분에 우리
업계는 오르락내리락하면서도 확실하게 앞으로 나아
갈 수 있었으니까요.**

오늘 회의도 헛된 시간이 아닙니다. 그러니 일단 돌
아가서 회사별로 의견을 더 다듬고 나서 다음에 다
시 논의합시다!

참석자 중 가장 젊은 미쓰로의 연설에 각 회사의 중역
들이 일어섰고 회의장이 떠나갈 듯 박수가 터졌다.

하느님 이미 자네는 다른 사람에게 용기를 주는 일을 시작
했어. 오늘만이 아니라 예전부터 말일세.

미쓰로 고키를 위로해 준 그날 말이에요?

하느님 그보다 훨씬 더 옛날이야. 미쓰로, **인간의 꿈은 말이
야, 언제 시작되었는지 선을 명확하게 그을 수는 없
다네.**

자네들은 이미 태어나면서부터 꿈을 향해 걷고 있어.
심지어 태어난 날부터 오늘까지 꿈은 계속 눈앞에서
이루어지고 있다네.

미쓰로 정말 그러네요.

좋았어!! 타인에게 나눠 줘도 남을 만큼 많은 용기가
내 안에 있다고 믿을 테다!

하느님 분명 있어. 아까 그 회의에서 한 연설을 듣고 나도
소름이 돋았다니까.

미쓰로 아, 그거요? 이대로 가다간 한시간으로 예정돼 있던
회의가 늘어질 같아서 필사적으로 말렸을 뿐이에요.
내가 뭣 때문에 도쿄에 출장까지 와서 야근을 해야
되냐고요!

하느님 후회되는군. 괜히 칭찬했어.

미쓰로 후회해도 괜찮아!

하느님 참, 그랬지.

> 마치 오랜 세월을 함께 한 부부처럼 늘 옆에서 찰떡호
> 흡을 보여 준 하느님이 곧 자신의 곁을 떠나리라는 사
> 실을 이날 미쓰로는 꿈에도 생각하지 못했다.

〈연습하기〉

모순을 인정합시다. 자신이 무슨 얘기를 하든 '괜찮아!'라는
말로 끝맺어서 마지막 감정을 '좋은 것'이라고 인정해 봅시다.
단지 그것만으로도 그때까지 일어난 일 전부가 '좋아'집니다.

'괜찮아!'이 한마디로
모든 감정이
긍정으로 뒤집힌다.

감사할 줄 아는 행복

1주일 후. 내면에 있는 '용기' 를 찾은 미쓰로의 행동은
신속했다. 가족에게 꿈을 얘기하고 친척을 설득하고
회사에 사표를 제출했다.
다니야 부장을 비롯한 동료들은 필사적으로 그를 말렸
지만 점차 모두가 미쓰로의 든든한 지원군이 되었다.

다니야 부장   에헴, 여러분. 오늘은 10년 동안 우리 회사에서
함께 일해 온 사토 군의 마지막 근무일입니다. 입사
했을 때부터 계속 그를 지켜본 저에겐 굉장히 괴로
운 결단이었고…. 훌쩍….

미쓰로   다니야 씨, 이 정도로 울긴! 부장님이잖아요! 그래
가지고 이제부터 어떻게 조직을 이끌려고 그래요?
에헴, 여러분. 나는 오늘을 마지막으로 이곳을 떠나

게 되었습니다. 내일부터 부장님을 '부장님'이라 여기지 않고 이름을 막 부를 수 있다고 생각하니 기쁘기 그지없습니다.

다니야 부장 내일부터는 무슨, 진작부터 그리 불렀으면서. 이렇게 입이 험한 녀석이 사라지게 돼서 아주 시원하다고! 하지만 역시 쓸쓸해. 어흐흐….

미쓰로 회사생활을 하며 다니양을 비롯해 여러 선배님들에게 배운 게 많습니다. 이제 와 돌이켜보면 여기서 배운 일 중 헛된 건 하나도 없었어요.

이 회사에서 쌓은 모든 경험이 다음 꿈으로 바로 이어져서, **그렇게 싫어하던 이 직장생활조차 내 꿈의 일부였구나** 깨달았습니다. …. 꿈에는 날짜가 필요 없습니다. 태어났을 때부터 우리는 이미 꿈속에 있었으니까요…. 훌쩍.

지금 생각해 보면 **여기서 겪은 '좋은 일'과 '나쁜 일' 모두 '좋은 일' 같아서** 신기할 따름입니다. 아마 여러분에게도 '나쁜 일'은 일어나지 않았다고 생각합니다. 언젠가 그것을 '좋은 일'이라 부를 수 있게 될 때가 오면 다함께 술 한잔 합시다. …. 훌쩍. 그동안 감사했습니다.

한 시간 후, 종이 박스를 안고 회사를 나선 미쓰로는 늘 가던 언덕 위의 공원에 있었다.

미쓰로 이곳에서 보는 시내 풍경…. 분명 아무것도 변하지 않았을 텐데 어제와는 달라 보이네요.

하느님 그럴 수밖에. '그것을 어떻게 보고 싶은가?'만이 중요하니까. 똑같은 것을 봐도 보는 방식은 바뀌게 마련이네. 보는 사람이 다르니까.

미쓰로 아니, 그게 아니라 마치 스무 살 생일에 담배를 피운 그날 같아요. 열 여섯부터 몰래 피웠던 담배는 그렇게 맛있었는데 스무 살이 되니까 하나도 맛이 없더라고요.

이 공원도 농땡이 부리러 왔기 때문에 즐거웠던 거로군요.

하느님 담배는 20세부터! 이게 법이라고. 회사는 일하는 곳! 이건 상식이고.

미쓰로 그래도 역시 아름답네요. 여기서 보이는 거리 풍경 말이에요. 어째서 난 높은 곳이 좋은 걸까요?

하느님 바보니까 그렇겠지? 속담도 모르나? '바보와 연기는 높은 곳을 좋아한다.' 뭐, 어쨌든 전체를 한눈에 볼 수 있는 장소에 서는 것은 굉장히 중요하다네. 평소

잊기 쉬운 '내가 이 세계를 보는 자'라는 감각을 되찾을 수 있으니까.

만들어 낸 '현실' 속에 창조자마저 녹아들면 빠져나올 수 없게 되거든. '현실'을 보는 자가 바로 당신이야. '현실'의 각본가 겸 출연자인 '당신'이 출연에만 몰두하면 다음 각본을 쓸 수 없게 되지. 그러니 지친 날에는 **전망 좋은 곳에 가도록 하게. '당신'이 세계를 보고 있다는 사실이 생각날** 테니.

미쓰로　이 세계를 만드는 사람이 나였다는 사실을 당신이 알려준 지 2년 남짓. 정말 이 가르침은 내 인생관을 180도 뒤집어 놓았어요. 게다가 과학의 세계, 옛 위인의 문헌, 다양한 책을 스스로 읽어 봤는데 정말 그 내용이 다 있더라고요. '현실이란 그 사람이 100% 만들어 내고 있는 것' 이렇게요.

하느님　당연하지. **모두 이 유일한 원칙을 깨달았기 때문에 위인이 되었지.** 다만, 자네들은 좋은 시대에 살고 있어. 과학 분야에서도 '관측자'와 '현실'의 관계성을 증명하고 있으니까. '눈앞의 대상물에 대한 관측결과는 모두 관측자가 생각한 대로'야.

미쓰로　하지만 현실의 창조자가 나인데 오늘도 100% 행복하다고 생각하지는 않는다…. 아직 미래에 대한 불안감도 있거든요.

하느님 또 멋대로 '부족'함을 보고 있으니까 그렇겠지? 주위
에서 '충족'을 찾으면 될 일을. 미쓰로, **인류가 행한
가장 잘못된 교육은 '행복해집시다'**라네. 한 명도 빠
짐없이 모든 인간이 그렇게 믿고 있어. '행복해지지
않으면 안 된다'고 말이야.

허나 행복만이 멋진 경험이라면 내가 이 세상에 고
통을 준비하지도 않았어. 슬픔도 일으키지 않고 미
친 듯이 화나는 사건도 주지 않았을 게야. 이 세상
에서 일어나는 일은 모두 엇비슷할 정도로 근사하다
네. 본래 기쁨밖에 없다면 그것을 '기뻐할' 수 있을
까?

미쓰로 하긴. '슬픈 일'과 **비교하고 나서야 비로소** '즐거운
일'임을 깨닫게 되니까요.

하지만 솔직히 기쁨만 왔으면 좋은데 말이죠. 순도
100%로요.

하느님 인간은 살아 있는 한 100% 행복해질 수는 없다네.

미쓰로 행복해질 수 없다고요? 아, 예전에 '되고 싶다'는 결핍
을 낳는다고 했죠. '행복해지고 싶다'가 아니라 '행복
하다'고 생각해야 되는구나.

하느님 '되고 싶다'라든가 '하다'라든가 그런 쓸데없는 얘기

를 하는 게 아니야.

미쓰로 아니, 쓸데없는 얘기가 아니죠. 당신이 가르쳐 줬잖아요.

하느님 허면 이 얘기도 들려주겠네. 우주가 시작되었을 당시한 입자가 자신에게 소중한 것이 없다는 사실을 깨달았어. 그는 우주 구석구석까지 우주 물질 전체에수소문하고 다녔지. '내가 찾고 있는 물건 어디 있는지 알아?' 하고. 물질 1에게 가서는 '이것도 아니야', 물질 2에게 가서는 '이것도 아니야' …. 그러다가 결국 그는 우주 최후의 9999번째 물질 앞에 당도했지만 웬걸 그 물질도 아니었어. **우주 전체의 물질을 다찾아 봤는데 정말 찾고 싶었던 건 어디에도 없었단**말일세. 왜일까?

우주에는 이제 물질이 하나밖에 남아 있지 않다는사실을 그는 깨닫지 못했던 게야. 그게 '그 자신'이라는 물질이라네.

미쓰로, **인간은 행복해질 수가 없어. 왜냐하면 이미행복하기 때문**이야.

미쓰로 오, 과연! '행복'이 '행복'을 찾은들 보일 리가 없으니까요! 이해가 잘 되는데요. '되고 싶다'나 '결핍' 같은 쓸데없는 설명 말고 이 얘기를 먼저 했으면 좋았잖아요.

하느님 여기까지 배웠으니 금방 수긍했지. 인간이 살아 있는 한 절대로 그 눈에 '완전한 행복'은 비치지 않을 거라네. 자네들에게 보이는 우주는 결코 완벽하지 않아. 자네들에게 들리는 우주는 결코 완벽하지 않아. 자네들이 느끼는 우주는 결코 완벽하지 않아. **왜냐하면 '당신'을 포함하지 않고 있으니까!** 모든 물질이 모여서 완벽해지는 이 우주에서 '당신'을 포함하지 않는 풍경이 완벽할 리가 없지.

세계라는 풍경 안에는 '당신'이 포함되어 있지 않아. 그러니 '완벽'이 그 눈에 비칠 리가 없어. 미쓰로, **인간은 행복해질 수가 없어. 인간이 행복하니까.** '행복해지고 싶다'고 생각한 사람은 그 시간 내내 괴로워할 테지. 왜냐, 우주 전체의 물질을 샅샅이 찾아다니게 되거든. 그러니까 행복해지기를 온전히 내려놓은 사람은 깨닫게 된다네. **'내'가 행복했구나, 하는 사실을.**

미쓰로 오늘도 여전히 심오하네요. 오늘부터 '일본 해구'라고 불러 드릴까요? 깊다는 뜻으로.

하느님 마음대로 하게. 이름은 본질을 드러내지 못해. **그 사람이 그것을 '어떻게 부르고 싶은지'만 중요하니까.**

일어난 일을 '나쁜 일'이라 부르고 싶은가, '좋은 일'이라 부르고 싶은가의 문제지. 한번 부르면 그대로 된다네. 부른 대로 그렇게 보이기 시작하지. **'좋은 일'이 있는 게 아니야. 그것을 '좋은 일'이라 부른 당신이 있을 뿐일세.**

미쓰로   그럼 '심해어'로 부르렵니다.

하느님   '아귀'든 '대왕오징어'든 아무거나 상관없네.

미쓰로   저기요, 오늘은 왜 평소처럼 화를 안 내죠? 장단을 안 맞춰 주네.

하느님   이런저런 일이 좀 있어서…. 미쓰로. 처음 만난 그날, 내가 자네에게 가르쳐 준 게 뭐였지?

미쓰로   '이 세상은 모두 그 사람의 바람대로 이루어진다. 그러니 모든 사람은 이미 행복하다.' 이렇게 말했죠. 저, 잠깐만요. 갑자기 웬 복습? 아무데도 안 갈 거죠? 쭉 함께 있을 거죠?

하느님   이 세상은 모두 바람대로일세. 자네들이 소망해서 찾아온 곳이 '이 세상'이니까 당연한 일이지. 모든 것이 바람대로인 이 세상에 행복하지 않은 사람은 본래 한 명도 없다네. 만일 있다면 행복을 깨닫지 못한 사람뿐. '눈앞에 일어나고 있는 것은 전부 내가 바란 일'이라고 이해하지 못한 사람뿐이라네.

미쓰로　잠깐, 이보세요. 왜 무시하는데요?

지금부터잖아요! 당신 가르침이 필요하다고요! 내 꿈을 향해 이제 막 한 걸음 떼기 시작했단 말이에요.

하느님　외롭고 불안한가?

미쓰로　제발 가지 마세요!

하느님　마지막 주문을 가르쳐 주지. 불안해졌을 땐 그 자리에서 감사하게. 감사란 '일어나는 일을 전부 인정하는 행위'라서 가장 중요하다고 전에 말했지.

다만, 그런 말을 듣고 인간은 '감사'가 행복해지기 위한 도구라고 착각한다네. 감사하면 행복해질 수 있다고 말이야.

허나 틀렸어. '감사'는 도구 같은 게 아니야.

자, 미쓰로. 마음속에 불안감을 품은 지금 무엇이든 좋으니 감사하게. 주위의 가족, 동료, 환경. 뭐든 상관없으니 대상을 머릿속에 떠올린 다음 그저 온 힘을 다해 감사해 보게.

미쓰로　감사할 수 있는 존재라…. 나한텐 당신이에요.

그날 구제불능인 나에게 당신은 따뜻하게 말을 걸어 주었죠. 내가 아무리 무례한 말을 해도 웃으며 계속 내 곁에 있어 줬어요. 놀라운 가르침을 이토록 많이 알고 있는데도 전혀 젠체하지 않고 늘 솔직하고 조금 장난스럽기도 했죠.

슬플 때에도 당신에게 털어놓으면 '별거 아니다'라는 생각이 들었어요. 슬픔과 괴로움도 웃어넘겨 줬죠. 흑…. 훌쩍…, 함께 탔던 비행기…,

케이크를 구하기 위해 둘이서 미키를 설득했던 냉장고 앞 현장…, 100만 권의 교훈보다 당신이 더 빛났던 도쿄의 그 서점…,

고마워요, 고마워요, 고마워요. 정말 고마워요, 하느님!!

난 당신 덕분에 행복을 향해 나아갈 수 있게 되었어요.

하느님　미쓰로, 감사란 그런 거야. 불안한 마음이 한순간에 사라졌지? 그저 감사했을 뿐인데.

미쓰로　아, 네….

하느님　감사하면 특수한 에너지가 자네 마음에 솟아난다네. 그러면 불안감은 금방 사라지고 행복해지지. 즉, 레이저빔 같은 것이야.

결국 **인간은 감사하고 있을 때 행복**하다네. 행복해지려고 감사하는 게 아니야. 감사하는 동안 행복한 거지.

괴로워지거나 슬퍼지거나 불안해질 때나 고민에 빠

졌을 때 **바로 그 자리에서 마음속에 감사하는 마음을 솟아나게 하게.**

누구든지 어느 상황에서나 할 수 있다네. 그런 기능을 내가 인간에게 붙여 놓았거든.

마지막으로 말하지.

인간들이여, 불안해지면 그 자리에서 '고맙다' 말하시오.

몇 번이고 반복해서 외치시오.

눈물이 쏟아져서 눈앞의 싫은 일에도 감사한 마음이 들 때까지 계속 '고맙다'를 외치시오.

'고맙다'는 중간 다리가 아니야, '고맙다'는 도착지라네.

미쓰로 정말이네⋯. 눈물은 멈추지 않지만, 나 지금 엄청 행복해요. 좀 전까지 느꼈던 불안감이 순식간에 사라졌거든요.

마지막 가르침대로 **'행복해지기 위해 감사하는 것이 아니다. 감사하고 있을 때가 행복하다'**라고 진정으로 이해했습니다. 어흐흐⋯.

눈물이 좀처럼 멈추지 않지만⋯. 아무튼 고마워요! 하느님!

당신의 멋진 가르침은 다른 사람에게도 필요하겠죠.

난 이제 배울 만큼 배웠어요. 더 이상 부족함은 보지
않아요.
자, 뒤돌아보지 말고 당신을 필요로 하는 다른 사람
곁으로 어서 가세요. 엉엉!

하느님	응? 무슨 말인가? 나 아무데도 안 갈 건데.
미쓰로	뭐라고요? 당신 '어딘가에 간다'고 말했잖아요!
하느님	말한 적 없어! 자네가 얘기를 듣다가 멋대로 착각했을 뿐이지.
미쓰로	그럼 왜 '아귀'라고 놀려도 화내지 않았냐고요! 보통 때 같았으면 장단 맞춰서 받아쳤을 거잖아요.
하느님	너무 수준 낮은 농담은 무시하는 주의라서.
미쓰로	쳇! 그게 뭐예요! 내 눈물 돌려줘!
하느님	자네는 가끔 울기도 해야지, 너무 웃기만 해. **더 괴로워하게!** 내가 기껏 이 세상에 슬픔, 괴로움, 기쁨을 준비해 뒀는데 균형 있게 경험해 주지 않으면 아깝지 않겠나. 비타민 부족이 될 게야.
미쓰로	난 기쁨 담당! 그것만 담당! 그런 관계로 내일부터 내게 찾아오는 슬픔과 괴로움은 당신 담당으로 하죠.
하느님	이 멍청이가. 절대 싫어! 윗사람을 공경할 줄 알아야지. 진짜로 다른 데 가 버릴까 보다. 상관없지?! 그럼 또 자네는 금세 "으앙, 어디에도 가지 마요!" 하며 울겠지. 방금 실연당한 소녀마냥!
미쓰로	좋구나! 오늘도 참 즐거운 날이에요. 아아, 개운해라. 실컷 울고 웃었네.

자, 그럼 하느님. 이제 슬슬 떠나 볼까요. 당신의 소중한 가르침을 많은 사람에게 전하는 여행을 말이에요.

하느님 그럴까, 이제 슬슬 가야겠군. 오늘도 누군가는 이 세계에서 울고 있겠지. 거울을 먼저 웃게 하려고 애쓰며.

'웃을 수 있는 건 언제나 이쪽 편에 있는 당신'이라고 둘이서 전하세.

미쓰로, 부담 갖지 말게! 진짜 간단한 일이야! 웃기기만 하면 되니까!

미쓰로 그렇죠. 자, 갑시다!!

고마워요. 정말 고마워요, 하느님.

> 언덕 위에서 내려다본 거리는 온통 밤의 장막에 둘러싸여 있었지만 미쓰로의 시선에서 보이는 태양은 아직 지평선 위에 걸려 있었다.
> 붉게 빛나는 빨간 노을은 이제 막 첫발을 뗀 두 사람의 여정을 은은하게 비추는 듯했다.

〈연습하기〉

불안할 때에는 바로 그 자리에서 주위의 감사할 존재를 머릿속에 떠올려서 온 힘을 다해 감사해 봅시다. 그 에너지가 샘솟으면 불안감은 바로 사라집니다.
감사라는 레이저빔이 당신의 불안을 없애줍니다.

행복해지기 위해
감사하는 것이 아니라
감사하는 동안이 행복이다.

특별 수업

미소카모데

반드시 행복에 이르는 주술

하느님   자, 미쓰로. 결국 그 현실세계에서 가장 중요한 건 '감사'라고 했지?

           허나 자네들은 금방 잊어버리는 습성이 있으니 주술을 하나 가르쳐 주지. **순식간에 행복하게 되는 주술일세!**

미쓰로   뭘 하면 될까요? '행복'하면 또 내가 격하게 좋아하는 거잖아요, 당연히 하겠습니다!

하느님   월말 즈음 3,000원을 갖고 오면 된다네.

미쓰로   절대 싫어요. 거절이에요. 아무리 그래도 인간에게 돈을 뜯어내다니.

하느님   왜? 내키지 않은가 봐?

미쓰로   논리적으로 설명이 안 되니까요.

하느님   미쓰로, 주술의 효과가 나타나는 건 그 원리를 이해할 수 없을 때뿐이라네. 요컨대 자네 표층의식이 이해하는 범위를 넘었을 때 주술 효과가 나타난다 이 말이야. 웃음이 터지는 이유와 똑같지. 개그맨 옆에서 "방금 그 개그, 어디가 재미있는 포인트예요? 설명해주세요." 하고 한번 물어 보게.

미쓰로 그런 짓 하면 대번에 웃음이 사라질걸요!

하느님 똑같은 원리야. 웃음이 터지는 건 웃는 이유를 설명하지 못할 때이듯.

주술이 효과적인 건 '내'가 왜 그렇게 되는지 원리를 설명하지 못할 때라네. 이제 해볼 텐가?

미쓰로 무진장 하고 싶어졌습니다!

미소카모데

감수 _ 하느님

효능 _ 당신은 반드시 행복하게 된다
일시 _ 매월 30일, 31일, 2월은 28일
장소 _ 기도하기 좋은 곳, 어느 곳이나 환영.

방법
하나, 손을 씻어 정결하게 해라..
하나, 크고 깊게 심호흡을 3번 하고 마음을 가라앉혀라.
하나, 이번 달에 일어난 '좋은 일'을 되도록 많이 떠올려라.
하나, 그 일들을 하나씩 생각하며 '감사합니다. OO(좋은 일)
   이 생겨서 굉장히 행복했습니다.' 라고 말해라.
하나, 이때 신이 보낸 비전(감사하는 마음)이 샘솟는다.
하나, '감사의 마음' 에 의식을 집중시키고 이 느낌을 전신으로
   퍼뜨려라.

*미소카모데는 말일기도를 뜻한다

미쓰로 꽤 간단하네요!

하느님 간단해? 한번 해보게, 중간에 포기하게 될 테니.

나는 '감사만 하면 행복하게 된다'는 가장 중요한 가르침을 태곳적부터 계속 전해 왔어. 허나 **수천년 역사가 지나도록 감사하지 못한 존재가 바로 '인간'**이 아닌가.

'미소카모데'를 습관화하면 그 달에 일어난 '좋은 일'을 의식적으로 찾게 되지. 습관이 몸에 붙는단 말일세. 그러면 그때부터 다음 달까지 행복을 쉽게 깨달을 수 있는 체질이 된다네. 그 힘을 유지시키려고 내가 모두에게 살짝 주술을 걸어 주는 셈이야.

미쓰로 과연. '좋은 일'을 찾느냐, '나쁜 일'을 찾느냐 라는 양자택일의 현실에서 우리는 늘 '나쁜 일'을 찾아다닌다고 했죠? 그게 해결되겠네요.

하느님 해결이라기보다 관점을 바꾸는 훈련이지. 눈앞의 현실은 아무 의미가 없다, 그것을 '행복'이라 여기면 행복이 되고, '불행'이라 부르면 불행해진다네. 그렇다면 행복의 관점으로 보는 편이 좋겠지?

하느님 나에게 '고맙다'고 말하기만 하면 되거든.

감사란 있는 그대로 받아들이는 거라네. **이유를 갖다 대고 불평하기보다 〈있는 그대로 받아들이고〉 감**

사하기만 하면 돼. 그러니 '아무 이유 없이' 받아들이고 감사하게.

내가 알려 준 대로 '감사'만 하면 반드시 행복해진다네. 신인 내가 보증한다니까.

미쓰로 감사합니다. 하느님, 감사합니다!!

지구를 지키는 마지막 방호벽 〈하느님〉

시대를 막론하고 부모가 자식에게 하는 말이 있다.

"나쁜 짓을 하면 안 돼, 하느님은 항상 보고 있단다."

"그렇게 밥을 남기면 하느님이 화낸단다."

"아이고, 장해라. 다 먹었네. 하느님이 좋아하실 거야."

이렇게 아이들은 '하느님'이라는 존재를 점차 머릿속에 만들어 간다.

〈하느님이란 밥을 남기는 아이를 싫어〉하고 〈하느님이란 선행을 하는 사람을 좋아〉한다. 그리고 하느님이란….

그러다가 그 아이가 성인이 될 즈음, 그는 '하느님'을 명확한 존재로서 얘기할 수 있게 된다. **어쩌면 '하느님이 인간을 만들었다' 는 말보다 '인간이 하느님을 만들었다'는 말이 정확할 지도 모른다.**

예로부터 '800만 신들(712년 편찬된 일본에서 가장 오래된 역사서『고지키(古事記)』에 기록된 신의 수)'이라 말할 정도니 더 있을지도 모른다. 이는 편의점 수를 훌쩍 뛰어넘는 방대한 숫자다.

바꿔 말하면 우리 인간에게는 이렇게나 많은 '하느님'이 필요한 것이다.

기쁜 일이 생겼을 때 주위에 아무도 없다면 당신은 아마 이렇게 말하지 않을까. "하느님, 감사합니다!" 받아 줄 상대가 없었던 당신의 그 감정을 '하느님'이 받아들인 셈이다.
또는 분노로 인해 몸이 떨리고 절망했을 때도 우리는 이렇게 말한다. "하느님, 이건 해도 너무해요!" 전혀 상관없는 곳에 있다가 갑자기 끌려와 영문도 모르고 모든 일은 자신의 탓이라는 책망을 듣는 '하느님'.
'기쁨'이나 '괴로움' 등 갈 곳을 잃어버린 당신의 그 감정에 대해 언제나 최종적인 책임을 진다. 멋대로 설정된 '지구 창조 책임자'라는 위치에서.

만약 세계에 '하느님'이 없다면 우리들은 어떻게 되었을까?
우리들은 기쁨을 누구와 나눴을까?

우리들은 분노를 누구에게 터뜨렸을까?

'하느님'이라는 개념이 존재하지 않았더라면 아마 우리들은 오늘까지 세상을 헤쳐 나갈 수 없었을 거라고 생각한다.

하지만 괜찮다. 우리들에겐 '하느님'이 있었다. 누구나 마음 깊숙이 '하느님'이라는 개념을 간직하고 있었다. 누구라도 좋으니 감사하고 싶을 때에도, 누구 탓을 하고 싶을 때에도. 언제 어느 때나 '하느님'이 그 얘기에 귀 기울여 주었다.

마음 깊은 곳에서 가장 마지막에 인간의 감정을 받아들이는 존재는 언제나 '하느님'이니까. 지구를 지키는 마지막 방호벽 이야말로 '하느님'인 것이다.

그런 '하느님'의 가르침은 오직 하나뿐이었다. '당신은 이미 행복하다.' 하지만 우리 인간이 도저히 이해할 수 없는 가르침이다.

'내가 행복하지 않은 100가지 이유'라는 책을 다음 작품으로 쓸까 싶을 정도로 눈앞에서 불행이 일어나기(있는 듯이 보이기) 때문이다.

하지만 **이 책이 있다.** 이 책은 **'당신이 행복을 깨닫는 방법'**에 대해 굉장히 면밀한 계산을 토대로 실었다.

30편의 가르침 원리는 지극히 단순하다. 모든 '현실'을 본인이 만든다면 그것을 바꾸기란 '본인'에게 굉장히 쉽기 때문이다. 주인공은 언제나 '당신'이다. '당신'이 세계를 만들고 있으니까. 이 책을 ①여러 번 읽는다면 ②그리고 실천한다면 ③ 그리고 주위의 모든 사람들에게 전한다면, 당신은 순식간에 행복하게 될 것이다.

하느님은 이렇게 말했다.

"경험은 당신에게만 일어나고 있는 현상이라네. 좋은 가르침이다 싶으면 듣지만 말고 **제대로 실천하게.** 그것은 당신만 겪을 수 있어.

그리고 훌륭하다는 사실을 깨달았다면 주위에 숨기지 말고 골고루 나눠 주게. 가능하다면 당신의 적에게 맨 먼저 알려 주도록 해. 훌륭한 가르침을 자신의 손 안에만 감추다니 '난 적보다 약해'라고 속으로 말하는 꼴이라네. 게다가 '훌륭한 가르침은 앞으로 좀처럼 만날 수 없겠지' 스스로 다짐하는 거나 마찬가지야. 배웠으면 '당신'이 직접 해보고 널리 알리도록 해.

미쓰로. 자네는 내 가르침을 책으로 엮게 될 게야. 그 가르침에 감동받은 독자는 **좋아하는 사람에게도, 싫어하는 사람에게도 그 책을 나눠 주겠지.** 이건 인류 역사상 최초의 일이라네. 많이 나눠 주면 어떻게 될까?

많이 나눠 줄수록… 내가 엄청 유명해진다네! 미쓰로, 부럽지!"

화가 좀 치밀긴 했지만 나는 가르침을 듣고 나서 오늘 이날이 오기까지 '①배우고 ②스스로 행하고 ③감추지 말고 주위에 알린다'를 실천해 왔다.

약 3년 동안 무료로 이 가르침들을 인터넷 블로그 〈웃기는 정신 세계〉에 매일 아침 공개했고 지금도 그 활동을 지속하고 있다. '지금까지 몰랐던' 놀라운 가르침이 굉장히 많았기에 혼자만 간직하고 싶은 마음이 굴뚝같았지만, 아무튼 가르침대로 공유했다. 싫어하는 사람에게도 많이 알렸다. 아니, '알렸다' 기보다는 어느 순간 감출 수 없을 정도로 흘러넘쳤다는 것에 가깝다.

그러자 내 '현실'이 크게 변하기 시작했다. 지금 생각하니 순식간이었다. **당신의 '현실'도 반드시 변하리라는 것을 내가 확신하는 이유다.**

그러기 위해서는 '①배우고 ②스스로 행하고 ③감추지 말고 주위에 알린다' 가 매우 중요하다. 여러 번 읽길, 여러 번 행하기를, 많은 사람에게 이 책을 소개하기를 바란다.

만약 지금 이 책이 당신의 마음속 깊이 와 닿는다면 **그 울림이 멈추지 않을 때(즉, 막 읽기를 마친 오늘을 말한다) 행동으로 옮겼으면 한다.**

단지 이것만으로 당신의 '현실'은 단숨에 좋은 방향으로 나아간다는 사실을 나는 알고 있다.

마지막으로 공동 저자인 '하느님'을 기리고 싶다.

나는 인간이 만들어낸 모든 개념을 초월하는 이 '하느님'이 '나를 넘어선 커다란 존재'라고 확신한다. 이런 멋진 가르침이 내 속에서 나온 것이라고는 도저히 생각되지 않기 때문이다. 물론 '당신'이 무엇을 믿을지는 '당신'의 자유다. 그러나 이 책을 읽는 모든 독자가 **'누가 말했는가'** 보다 **'무엇을 말했는가'** 를 중시하기를 진심으로 바란다.

읽어 주신 모든 분께 감사드립니다.
당신은 '나'의 소중한 일부입니다.

마지막으로 나를 도와주신 가족과 친구, 동료 및 이 책의 성공을 위해 애써 준 관계자 그리고 '당신'께 감사 인사를 드리고 싶다. 당신들 중 한 명만 없었더라도 나는 오늘 이 자리에 존재할 수조차 없었을 겁니다. 내가 당신을 만들고 있는 것처럼 당신이 나를 만들고 있으니까요. 나를 이 자리까지 인도한 여러분과의 '인연'에 진심으로 감사드립니다.

하느님 「뭐?? 까불지 마!!」

2014년 8월 13일
사토 미쓰로

사토 미쓰로
삿포로의 대학을 졸업한 후 에너지 관련 대기업에 입사해
현대사회의 모순에 고뇌하다가 2011년 '사회가 변하려면
모든 사람들의 의식을 혁신해야 한다'는 사실을 통감하고
영혼을 일깨우는 블로그를 개설, 큰 호평을 받고 있으며
2014년 〈하느님과의 수다〉를 출간, 즉시 12만부 돌파,
〈철학 인문 사상〉 분야 1위를 기록하며 베스트셀러가 되어
열렬한 독자들의 사랑을 받고 있다.

이윤경
이화여자대학 졸업 후 삼성전자에서 브랜드 마케팅을 담당했다.
서울외국어대학원대학교 통번역대학원 졸업,
원문의 맛과 우리말의 멋을 살리는 번역가의 길을 걷고 있다.

하느님과의 수다

초판　1쇄 발행 _ 2015년　4월　2일

초판　2쇄 발행 _ 2015년　4월　30일

지은이 _ 사토 미쓰로

옮긴이 _ 이윤경

펴낸이 _ 김성한

펴낸곳 _ 인빅투스

등록 _ 2014년 2월 28일(제2014-123호)

주소 _ 서울시 강남구 언주로 165길 7-10(신사동 624-19) 우)135-895

주문 및 문의 전화 _ 02-3446-6206 / 02-3446-6208

팩스 _ 02-3446-6209

ISBN　979-11-952755-5-7　03190

* 값은 뒤표지에 있습니다. 잘못 만든 책은 교환해드립니다.

* 이 책은 ㈜인빅투스 미디어가 저작권자와의 계약에 따라 출판한 것이므로
  본사의 서면 허락 없이는 어떤 형태로도 이 책의 내용을 사용하지 못합니다.